포켓북

왕초보 기본 영단어

포켓북
왕초보 기본 영단어

2019년 09월 05일 초판 01쇄 인쇄
2023년 12월 10일 초판 13쇄 발행

지은이 이서영
발행인 손건
편집기획 김상배, 장수경
마케팅 이언영
디자인 이성세
제작 최승용
인쇄 선경프린테크

발행처 ***Lan**Com* 랭컴
주소 서울시 영등포구 영신로34길 19
등록번호 제 312-2006-00060호
전화 02) 2636-0895
팩스 02) 2636-0896
홈페이지 www.lancom.co.kr

ISBN 979-11-89204-45-7 13740

이서영 지음

LanCom
Language & Communication

들어가며

영어 실력은 뭐니뭐니 해도 가장 중요한 것은 단어를 얼마나 많이 알고 있느냐에 달려 있다고 할 수 있습니다. 물론 영어의 구조를 이해하기 위해서는 문법도 반드시 알아야 하지만, 우선은 어린 아이가 단어를 하나하나 익혀가듯이 영어도 단어를 통해 익혀나가는 것입니다. 이런 점에 있어서 단어의 숙지는 매우 중요한 영어 학습과정의 하나라고 할 수 있습니다.

따라서 이 책은 영어를 배우는 데 있어서 반드시 알고 넘어가야 할 기본적인 단어만을 엄선하여, 영어를 처음부터 다시 배우는 학습자에서부터 실버세대에 이르기까지 초보자의 입장을 고려하여 다음과 같이 엮었습니다.

1 영어 기초과정을 마친 학습자가 체계적으로 영단어 실력을 늘려가도록 기본단어를 품사별로 엮었습니다.

2 모든 단어는 간단하면서도 그 단어의 핵심 뜻을 이해할 수 있도록 알기 쉬운 예문을 통해 익히도록 하였습니다.

3 모든 표제단어에는 암기구를 두어 언제 어디서든 단어를 쉽고 간편하게 암기할 수 있도록 하였습니다.

4 표제단어에는 발음기호를 표기하였으며, 아울러 발음기호를 잘 모르더라도 읽을 수 있도록 한글로 그 발음을 표기하였습니다.

끝으로 학습자가 이 책을 통해 체계적이고 조직적인 학습을 한다면 빠른 시일 내에 영단어 실력을 향상시킬 수 있습니다.

이 책의
내용

자음을 나타내는 발음기호 Consonant

단어를 읽기 위해서는 일정한 발음 규칙이 필요한데, 이것을 기호로 나타낸 것이 발음기호라고 해요. 발음기호는 괄호[ ] 안에 표기를 하며 이러한 발음기호가 어떤 소리를 내는지 알면 단어를 정확하게 읽을 수 있죠.

자음(Consonant)이란 발음을 할 때 공기가 혀나 입, 입술, 입천장 등에 부딪히며 나는 소리를 말해요. 자음은 **k**, **p**, **t**처럼 성대가 울리지 않는 무성음과 **b**, **d**, **g**와 같이 성대가 울리는 유성음으로 구성되어 있어요.

>> 자음을 나타내는 발음기호

[b]	[브]	[d]	[드]	[f]	[프]	[g]	[그]
[h]	[흐]	[k]	[크]	[l]	[르]	[m]	[므]
[n]	[느]	[p]	[프]	[r]	[르]	[s]	[스]
[t]	[트]	[v]	[브]	[z]	[즈]	[θ]	[쓰]
[ð]	[드]	[ʃ]	[쉬]				
[ʒ]	[쥐]	[dʒ]	[쥐]	[tʃ]	[취]	[ŋ]	[응]

>> 반자음을 나타내는 발음기호

[j]	[이]	[w]	[우]

모음을 나타내는 발음기호 Vowel

모음(Vowel)이란 발음을 할 때 공기가 혀나 입, 입술, 입천장 등에 부딪히지 않고 목과 입 안의 울림으로 나는 소리를 말해요. 모든 모음은 성대가 울리는 유성음으로 구성되어 있어요.

>> 모음을 나타내는 발음기호

[a]	[아]	[ʌ]	[어]	[ə]	[어]	[ɔ]	[오]
[u]	[우]	[i]	[이]	[e]	[에]	[æ]	[애]

>> 장모음을 나타내는 발음기호

[ɑː]	[아:]	[ɑːr]	[아:ㄹ]	[əːr]	[어:ㄹ]	[ɔː]	[오:]
[ɔːr]	[오:ㄹ]	[uː]	[우:]	[iː]	[이:]		

>> 이중모음을 나타내는 발음기호

[ai]	[아이]	[au]	[아우]	[ɔi]	[오이]	[ou]	[오우]
[ei]	[에이]	[ɛər]	[에어ㄹ]	[uər]	[우어ㄹ]	[iər]	[이어ㄹ]

PART 01

명사

001
body
[bάdi 바디]
몸, 육체

I hid my body behind the curtain.
나는 커튼 뒤로 내 몸을 숨겼다.

in body and mind 몸과 마음으로

002
face
[féis 페이스]
얼굴

He is washing his face.
그는 얼굴을 씻고 있다.

a broad face 폭이 넓은 얼굴

003
eye
[ái 아이]
눈

We see with our eyes.
우리는 눈으로 본다.

before one's very eyes 바로 눈앞에서

004
hair
[hɛə*r* 헤어ㄹ]
털, 머리카락

He has golden hair.
그는 검은 금발 머리를 갖고 있다.

black hair 검은 머리

005
hand
[hænd 핸드]
손

We have two hands.
우리는 손이 둘 있다.

make by hand 손으로 만들다

006
arm
[ά:*r*m 아:ㄹ암]
팔

I hurt my arm.
나는 팔을 다쳤다.

make a long arm 팔을 쭉 뻗다

007 **leg**
[leg 레그]
다리

The dog has four legs.
개는 4개의 다리를 가지고 있다.

the leg of a table 책상다리

---

008 **foot**
[fut 풋]
발

There are five toes on each foot.
각각의 발에는 다섯 개의 발가락이 있다.

step on foot 발을 밟다

---

009 **head**
[hed 헤드]
머리

He wears a hat on his head.
그는 머리에 모자를 쓰고 있다.

strike on the head 머리를 때리다

---

010 **mouth**
[mauθ 마우쓰]
입

Open your mouth wide.
입을 크게 벌려라.

a pretty mouth 예쁜 입

---

011 **nose**
[nouz 노우즈]
코

We smell with our nose.
우리는 코로 냄새를 맡는다.

a long nose 긴 코

---

012 **ear**
[iər 이어ㄹ]
귀

We hear with our ears.
우리는 귀로 듣는다.

pick one's ears 귀를 쑤시다

013 **child**
☐ [tʃaild 차일드]
☐ 어린이, 아이
☐

That child is crying.
저 아이는 울고 있다.

a little child 어린 아이

014 **girl**
☐ [gəːrl 거:ㄹ얼]
☐ 소녀, 여자 아이
☐

The girl is my sister.
그 소녀는 내 여동생이다.

a girls' school 여학교

015 **boy**
☐ [bɔi 보이]
☐ 소년
☐

He is still a boy.
그는 아직 소년이다.

a boy student 남학생

016 **woman**
☐ [wúmən 우먼]
☐ 여자, 여성
☐

Do you know the woman?
그 여자를 아니?

a nice woman 멋진 여자

017 **man**
☐ [mæn 맨]
☐ 남자, 어른
☐

He is nice man.
그는 좋은 사람이다.

man's heart 남자의 마음

018 **lady**
☐ [léidi 레이디]
☐ 부인, 숙녀
☐

Who is that lady?
저 부인은 누구입니까?

the first lady 대통령 부인(영부인)

019 **gentleman**
[ʤéntlmən 젠틀먼]
남자, 신사

Good morning, ladies and gentlemen.
신사 숙녀 여러분, 안녕하십니까?

a tall gentleman 키가 큰 신사

020 **friend**
[frend 프렌드]
벗, 친구

You are my best friend.
너는 나의 가장 좋은 친구이다.

a friend of mine 나의 친구

021 **people**
[píːpl 피:플]
사람들

People say that he is very wise.
사람들은 그가 대단히 현명하다고 말한다.

many people 많은 사람들

022 **person**
[pəːrsn 퍼:르슨]
사람, 인간

He is a bad person
그는 나쁜 사람이다.

a nice person 좋은 사람

023 **family**
[fǽməli 패멀리]
가족

My family is going to Seoul.
우리 가족은 서울에 갈 것이다.

a family of five 5인 가족

024 **city**
[síti 시티]
도시, 시

My aunt lives in the city.
아주머니는 그 도시에 살고 있다.

a big city 큰 도시

025 **village**
[vílidʒ 빌리지]
마을

I was born in a small village.
나는 작은 마을에서 태어났다.

a quiet village 조용한 마을

026 **country**
[kʌ́ntri 컨트리]
나라, (the ~) 시골

India is a large country.
인도는 큰 나라이다.

live in the country 시골에서 살다

027 **mountain**
[máuntən 마운턴]
산

At last they reached the top of the mountain.
마침내 그들은 그 산의 정상에 도착했다.

a high mountain 높은 산

028 **place**
[pleis 플레이스]
장소, 곳

We are looking for a good place to camp.
우리는 야영하기에 좋은 장소를 찾고 있다.

a place of meeting 모이는 장소

029 **area**
[ɛ́əriə 에어리어]
지역, 범위

Is there a hotel in this area?
이 지역에 호텔이 있습니까?

a large area 넓은 지역

030 **space**
[speis 스페이스]
공간; 우주

All the parking spaces are taken.
주차장이 꽉 찼군요.

open space 빈 공간

031 **hill**

[hil 힐]

언덕, 작은 산

There is a white house on the hill.
언덕 위에 하얀 집이 있다.

go down a hill 언덕을 내려가다

032 **sea**

[siː 시ː]

바다

In summer, we swim in the sea.
여름에 우리는 바다에서 수영한다.

a deep sea 깊은 바다

033 **land**

[lænd 랜드]

육지, 땅

He came by land.
그는 육로로 왔다.

a land animal 육지의 동물

034 **world**

[wəːrld 워ː르얼드]

세계, 세상

This is a map of the world.
이것이 세계 지도이다.

the world of children 어린이의 세계

035 **homework**

[hóumwə̀rk 호움워르크]

숙제

I didn't do my homework yet.
나는 아직 나의 숙제를 하지 않았다.

help with one's homework
숙제를 도와주다

036 **class**

[klæs 클래스]

학급, 수업

Tom and I study in the same class.
탐과 나는 같은 반에서 공부한다.

a math classes 수학 수업

037 **teacher**
[tíːtʃər 티ː처ㄹ]
선생님

Miss White is an English teacher.
화이트 선생님은 영어 선생님이다.
an English teacher 영어 선생님

038 **student**
[stjúːdənt 스튜ː던트]
(대학, 고교의) 학생

He is a student of this school.
그는 이 학교의 학생이다.
a bad student 나쁜 학생

039 **classmate**
[klǽsmèit 클래스메이트]
동급생, 급우

He is my classmate.
그는 나의 급우이다.
classmates in elementary school
초등학교 동창

040 **test**
[test 테스트]
테스트, 시험

He passed the test in mathematics.
그는 수학 시험에 합격하였다.
a test in Korean 국어 시험

041 **college**
[kálidʒ 칼리쥐]
(단과) 대학

My brother goes to college.
나의 형은 대학에 다닌다.
go to college 대학에 들어가다

042 **question**
[kwéstʃən 퀘스천]
질문, 문제

Do you have any questions?
질문 있습니까?
ask a question 질문하다

043 **club**
[klʌb 클럽]
클럽, 동아리

My club has a meeting once a week.
우리 동아리는 1주일에 한 번 모임을 갖는다.
join a club 클럽에 가입하다

044 **school**
[sku:l 스쿠:울]
학교

She went to school early in the morning.
그녀는 아침 일찍 학교에 갔다.
a school on the hill 언덕 위에 학교

045 **classroom**
[klǽsrù:m 클래스루:움]
교실

My classroom is on the third floor.
우리 교실은 3층에 있다.
come into a classroom 교실에 들어가다

046 **blackboard**
[blǽkbɔ̀:rd 블랙보:ㄹ드]
칠판

Tom writes his name on the blackboard.
탐은 그의 이름을 칠판에 쓴다.
wipe the blackboard 칠판을 지우다

047 **room**
[ru:m 루:움]
방

There are five rooms in his house.
그의 집에는 방이 다섯 개 있다.
a children's room 어린이 방

048 **window**
[wíndou 윈도우]
창문, 창

He opened the window.
그는 창문을 열었다.
look out of the window 창밖을 내다 보다

049 ☐ ☐ ☐
wall
[wɔːl 워:얼]
벽, 담

There was a picture on the wall.
벽에 그림이 하나 있었다.

a low stone wall 낮은 돌담

050 ☐ ☐ ☐
floor
[flɔːr 플로:ㄹ]
마루, 바닥, (집의) 층

The cat is on the floor.
고양이가 마루 위에 있다.

ground floor / first floor (영국)1층 / 2층

051 ☐ ☐ ☐
chair
[tʃεər 체어ㄹ]
의자, 걸상

Sit down on the chair.
의자에 앉아라.

sit on a chair 의자에 걸터앉다

052 ☐ ☐ ☐
desk
[desk 데스크]
책상

I read and write at my desk.
나는 내 책상에서 읽고 쓴다.

study at a desk 책상에서 공부하다

053 ☐ ☐ ☐
table
[téibl 테이블]
탁자, 테이블

There is a round table in the room.
방안에는 둥근 탁자가 있다.

sit around a table 테이블에 둘러앉다

054 ☐ ☐ ☐
door
[dɔːr 도:ㄹ]
문; 출입구

Open the door.
문을 열어라.

lock a door 문을 잠그다

055
house
[haus 하우스]
집

Kil-dong's house is very beautiful.
길동의 집은 매우 아름답다.

a large[small] house 넓은[좁은] 집

056
kitchen
[kítʃin 키친]
부엌

Mother cooks in the kitchen.
어머니께서는 부엌에서 요리를 하신다.

cook in the kitchen 부엌에서 요리하다

057
bathroom
[bǽθrùːm 배쓰루:움]
욕실; (집의) 화장실

Where is the bathroom?
화장실은 어디에 있습니까?

wash hands in the bathroom
욕실에서 손을 씻다

058
yard
[jaːrd 야:ㄹ드]
안마당, 뜰

He is working in the yard.
그는 마당에서 일은 하고 있다.

sweep the yard 마당을 청소하다

059
building
[bíldiŋ 빌딩]
빌딩, 건물

Our school is a four-story building.
우리 학교는 4층 건물이다.

a tall building 높은 빌딩

060
garden
[gáːrdn 가:ㄹ든]
정원

She grows flowers in the garden.
그녀는 정원에 꽃을 가꾸고 있다.

a roof garden 옥상 정원

061
street
[striːt 스트리:트]
거리

They walked along the street.
그들은 거리를 따라 걸었다.

march along the street 시가행진을 하다

062
way
[wei 웨이]
길, 방법

I lost my way.
나는 길을 잃었다.

the best way 가장 좋은 방법

063
bridge
[bridʒ 브리지]
다리

They built a bridge across the river.
그들은 강에 다리를 놓았다.

go across a bridge 다리를 건너다

064
park
[pɑːrk 파:ㄹ크]
공원

The park has beautiful flowers.
그 공원에는 아름다운 꽃들이 있다.

walk in a park 공원을 걷다

065
library
[láibrèri 라이브레리]
도서관

He goes to the library every day.
그는 매일 도서관에 간다.

take a book from a library
도서관에서 책을 빌리다

066
station
[stéiʃən 스테이션]
정거장, 역

Show me the way to the station.
역으로 가는 길을 알려주시오.

at arrive at the station 역에 도착하다

067
☐ **store**
☐ [stɔːr 스토ː르]
☐ 가게, 상점

He bought apples at the fruit store.
그는 과일 가게에서 사과를 샀다.

open[close] a store 상점을 열다[닫다]

068
☐ **hotel**
☐ [houtél 호우텔]
☐ 호텔

That building is a famous hotel.
저 건물은 유명한 호텔이다.

stay at a hotel 호텔에 묵다

069
☐ **restaurant**
☐ [réstərənt 레스터런트]
☐ 음식점, 레스토랑

I met my cousin at a restaurant.
나는 음식점에서 나의 사촌을 만났다.

eat at a restaurant 식당에서 식사를 하다

070
☐ **office**
☐ [ɔ́ːfis 오ː피스]
☐ 사무실; 직장

They moved to a new office.
그들은 새 사무실로 이사했다.

go to the office 출근하다

071
☐ **nature**
☐ [néitʃər 네이처ㄹ]
☐ 자연

We have to keep our nature.
우리는 우리의 자연을 지켜야 한다.

return to nature 자연으로 돌아가다

072
☐ **season**
☐ [síːzn 시ː즌]
☐ 계절

There are four seasons in a year.
1년에 4계절이 있다.

the summer season 여름철

073
weather
[wéðər 웨더ㄹ]
날씨

How was the weather?
날씨는 어떠했습니까?

fine weather 좋은 날씨

074
rain
[rein 레인]
비

We had a lot of rain this year.
올해는 비가 많이 왔다.

a heavy rain 큰비

075
snow
[snou 스노우]
눈

Snow falls from the sky in winter.
눈은 겨울에 하늘에서 내린다.

be covered with snow 눈에 덮이다

076
wind
[wínd 윈드]
바람

The wind was blowing.
바람이 불고 있었다.

a cold wind 찬바람

077
cloud
[klaud 클라우드]
구름

We see a big cloud in the sky.
하늘에 커다란 구름이 있다.

a white cloud 하얀 구름

078
sky
[skai 스카이]
하늘

On a clear day, the sky is blue.
맑은 날에 하늘은 파랗다.

a clear sky 맑은 하늘

079
moon
[mu:n 무:운]
달

A bright moon was coming up.
밝은 달이 떠오르고 있었다.

a trip to the moon 달 여행

080
star
[stɑ:r 스타:ㄹ]
별

We can see many stars at night.
우리는 밤에 많은 별을 볼 수 있다.

a bright star 밝은 별

081
sun
[sʌn 선]
해, 태양

The sun rises in the east and sets in the west.
해는 동쪽에서 떠서 서쪽으로 진다.

rise in the sun 해가 뜨다

082
earth
[ə:rθ 어:ㄹ쓰]
지구

The earth moves round the sun.
지구는 태양 둘레를 돈다.

live on the earth 지구에 살다

083
book
[buk 북]
책

I like to read books.
나는 책 읽기를 좋아한다.

write a book 책을 쓰다

084
letter
[létər 레터ㄹ]
편지, 문자

Su-mi wrote a letter.
수미는 편지를 썼습니다.

a capital[small] letter 대[소] 문자

085
picture
[píktʃər 픽처ㄹ]
사진, 그림

We took pictures of animals.
우리는 동물들의 사진을 찍었다.

draw a picture 그림을 그리다

086
box
[bɑks 박스]
박스; 상자

He keeps his toys in a box.
그는 장난감을 상자에 보관한다.

a box of apples 사과 한 상자

087
bag
[bæg 백]
가방, 주머니

I have three books in my bag.
내 가방 속에 책이 세 권 있다.

put into a bag 주머니에 넣다

088
dish
[diʃ 디쉬]
접시

The cook put the food in a dish.
요리사는 음식을 접시에 담았다.

a dish of meat 고기 한 접시

089
machine
[məʃí:n 머시:인]
기계

Any vending machines around here?
이 근처에 자판기 어디 있습니까?

work a machine 기계를 다루다

090
TV
[tì:ví: 티:비:]
티비; 텔레비전

I am watching TV now.
나는 지금 티비를 보고 있다.

turn on television 텔레비전을 켜다

091
radio
[réidiòu 레이디오우]
라디오

He was listening to the radio.
그는 라디오를 듣고 있었다.

listen to the radio 라디오를 듣다

092
phone
[foun 포운]
전화, 전화기

I must go and make a phone call.
나는 가서 전화를 걸어야 해.

talk on the phone 전화로 이야기하다

093
bed
[bed 베드]
침대, 잠자리

There is a bed in the room.
그 방 안에 침대가 하나 있다.

sleep on a bed 침대에서 자다

094
cup
[kʌp 컵]
컵, 찻잔

She drank a cup of coffee.
그녀는 커피 한 잔을 마셨다.

a cup of coffee 커피 한 잔

095
paper
[péipə*r* 페이퍼ㄹ]
종이

He draws pictures on a piece of paper.
그는 종이 한 장에 그림을 그린다.

a paper cup 종이컵

096
card
[kɑː*r*d 카:ㄹ드]
카드; 엽서, (트럼프) 카드

I received a card from my sister.
나는 누이에게서 카드를 받았다.

play cards 카드(트럼프)를 치다

097
pencil
[pénsl 펜슬]
연필

I drew a picture with a pencil.
나는 연필로 그림을 그렸다.

write with a pencil 연필로 쓰다

098
eraser
[iréisər 이레이서ㄹ]
지우개

May I use your eraser?
네 지우개를 써도 되겠니?

a blackboard eraser 칠판지우개

099
textbook
[tékstbùk 텍스트북]
교과서

This is a new textbook.
이것은 새 교과서이다.

an English textbook 영어 교과서

100
album
[ǽlbəm 앨범]
앨범; 사진첩

Mother gave me an album for a present.
엄마가 나에게 앨범을 선물로 주셨다.

slip in an album 앨범에 끼우다

101
dictionary
[díkʃənèri 딕셔네리]
사전

This book is a dictionary.
이 책은 사전이다.

an English-Korean dictionary
영한사전

102
diary
[dáiəri 다이어리]
일기, 일기장

She keeps a diary.
그녀는 일기를 쓴다.

write a diary 일기를 쓰다

103 ☐ ☐ ☐

mail

[meil 메일]

우편, 우편물

Send the letter by air mail.
그 편지를 항공 우편으로 보내 주게.

take the mails 우편물을 받다

---

104 ☐ ☐ ☐

newspaper

[njú:spèipər 뉴:스페이퍼ㄹ]

신문, 신문지

Father is reading the newspaper.
아버지는 신문을 읽고 계신다.

deliver newspapers 신문을 배달하다

---

105 ☐ ☐ ☐

pen

[pen 펜]

펜

Joe writes with a pen.
조는 펜으로 글을 쓴다.

write with a pen 펜으로 쓰다

---

106 ☐ ☐ ☐

notebook

[nóutbùk 노우트북]

노트; 공책

Do you have a notebook?
너는 노트를 가지고 있니?

write in a notebook 공책에 적다

---

107 ☐ ☐ ☐

home

[houm 호움]

가정; 내 집, 고향; 본국

I want to go home.
나는 집에 가고 싶다.

a letter from home 고향에서 온 편지

---

108 ☐ ☐ ☐

dress

[dres 드레스]

드레스; 옷

This dress is new.
이 옷은 새 것이다.

a white dress 흰색 드레스

109 **tomorrow**
[[təmɔ́:rou 터모:로우]
내일

I want it done by tomorrow.
그걸 내일까지 해 주세요.

the day after tomorrow 모레

110 **yesterday**
[jéstərdèi 예스터ㄹ데이]
어제

Yesterday was Sunday.
어제는 일요일이었다.

all yesterday 어제 종일

111 **today**
[tudéi 투데이]
오늘

Today is my birthday.
오늘은 내 생일이다.

today's newspaper 오늘 신문

112 **news**
[nju:s 뉴:스]
뉴스; 보도, 소식; 통지

I heard the news over the radio.
나는 그 뉴스를 라디오로 들었다.

good(bad) new 좋은(나쁜) 소식

113 **culture**
[kʌ́ltʃər 컬처ㄹ]
문화

I want to experience more culture.
더 많은 문화 경험을 많이 하고 싶다.

Korean food culture 한국 음식 문화

114 **history**
[hístɔ́ri 히스토리]
역사

He teaches history to us.
그는 우리에게 역사를 가르친다.

Korean history 한국 역사

115

custom

[kʌ́stəm 커스텀]

관습, 습관

I followed the American custom.
나는 미국의 관습을 따랐다.

Korean customs 한국인의 관습

116

idea

[aidíːə 아이디:어]

아이디어, 생각

That's a very good idea!
그것 정말 좋은 생각인데!

a good idea 좋은 생각

117

experience

[ikspíəriəns 익스피어리언스]

경험, 체험

He has much experience as a teacher.
그는 교사로서의 경험이 풍부하다.

a good experience 좋은 경험

118

dream

[dríːm 드리:임]

꿈

He awoke from a dream.
그는 꿈에서 깨었다.

a wonderful dream 멋진 꿈

119

courage

[kə́ːridʒ 커:리지]

용기

He is a man of courage.
그는 용감한 사람이다.

lost courage 용기를 잃다

120

chance

[tʃæns 챈스]

기회

We had a good chance.
우리는 좋은 기회가 있었다.

a good chance 절호의 기회

121
advice
[ədváis 어드바이스]
충고, 조언

I want to give you some advice.
몇 마디 충고를 하겠다.

give advice 충고를 하다

122
fact
[fækt 팩트]
사실

It is a fact that everything changes.
모든 것이 변한다는 것은 사실이다.

tell the fact 사실을 말하다

123
feeling
[fí:liŋ 피:일링]
감각, 느낌

I had some feeling of hope.
나는 다소 희망이 있는 듯이 느껴졌다.

a feeling of happiness 행복감

124
game
[geim 게임]
게임, 놀이, 경기; 시합

I have never enjoyed a game so much. 나는 이제까지 이렇게 재미있는 놀이를 한 적이 없다.

the tennis game 테니스 시합

125
team
[tí:m 티:임]
팀, 조

Our team won the game.
우리 팀이 시합에 이겼다.

a basketball team 농구 팀

126
player
[pléiər 플레이어ㄹ]
선수, 연주자

He is a baseball player.
그는 야구 선수이다.

the violin player 바이올린 연주자

127
fan
[fæn 팬]
팬; 애호가, 부채, 선풍기

I am a great fan of the Korean soccer team.
나는 한국 축구팀의 열렬한 팬이다.

a large fan 큰 부채

128
music
[mjú:zik 뮤:직]
음악

I listen to music every evening.
나는 매일 저녁 음악을 듣는다.

listen to music 음악을 듣다

129
song
[sɔŋ 송]
노래

What is your favorite song?
네가 좋아하는 노래는 무엇이냐?

sing a song 노래를 부르다

130
movie
[mú:vi 무:비]
영화

The movie was very exciting.
그 영화는 매우 재미있었다.

a movie star 영화배우

131
sport
[spɔ:rt 스포:ㄹ트]
스포츠, 운동경기

What sport do you like best?
당신은 어떤 운동을 제일 좋아합니까?

play a sport 운동을 하다

132
uniform
[jú:nəfɔ̀:rm 유:너포:ㄹ옴]
제복, 유니폼

Policeman wear uniform.
경찰들은 제복을 입는다.

wear a uniform 유니폼을 입다

133
ball
[bɔːl 보:올]
볼, 공

She picked up the ball.
그녀는 그 공을 집어 들었다.

throw a ball 공을 던지다

134
goal
[goul 고울]
골; 승점, 득점

He is a goalkeeper.
그는 골키퍼이다.

get a goal 득점을 얻다

135
concert
[kɔ́nsərt 컨서ㄹ트]
콘서트; 음악회, 연주회

The concert will be held next Sunday.
음악회는 다음 일요일에 열린다.

hold a concert 콘서트를 열다

136
time
[táim 타임]
시간, 시각

What time is it now?
지금 몇 시입니까?

a short time 짧은 시간

137
hour
[áuər 아우어ㄹ]
한 시간, 시각

There are twenty-four hours in a day.
하루는 24시간이다.

half an hour 반시간

138
minute
[mínit 미니트]
분

One minute is sixty seconds.
1분은 60초이다.

five minutes past[to] three 3시 5분전

139 **morning**
[mɔ́ːrniŋ 모:ㄹ닝]
아침; 오전

He left home early in the morning. 그는 아침 일찍 집을 나섰다.

from morning till evening
아침부터 밤까지

140 **noon**
[nuːn 누:운]
정오; 12시

We have lunch at noon.
우리는 정오에 점심을 먹는다.

meet at noon 정오에 만나다

141 **afternoon**
[æ̀ftərnúːn 애프터ㄹ누:운]
오후

School ends in the afternoon.
학교는 오후에 끝난다.

on Monday afternoon 월요일 오후에

142 **evening**
[íːvniŋ 이:브닝]
저녁

I will work in the evening.
나는 저녁에 일하겠다.

early in the evening 저녁 일찍

143 **night**
[nait 나이트]
저녁, 밤

The moon shines at night.
달은 밤에 빛난다.

late at night 밤늦게

144 **day**
[dei 데이]
날, 일, 하루, 낮

I study English every day.
나는 매일 영어를 공부한다.

during the day 낮 동안

145 **week**
[wi:k 위:크]
주; 7일간

There are seven days in a week.
1주일은 7일이다.

this week 이번 주

146 **month**
[mʌnθ 먼쓰]
달, 월; 1개월

January is the first month of the year.
1월은 1년의 첫 번째 달이다.

last month 지난 달

147 **year**
[jiə:r 이어:ㄹ]
년, 해, ~살; 나이

I visited the village three years ago.
나는 3년 전에 그 마을을 방문했다.

ten years old 열 살

148 **town**
[taun 타운]
읍, 소도시

There are two high schools in our town.
우리 읍에는 고등학교가 둘 있다.

a small town 작은 도시

149 **button**
[bʌtn 버튼]
버튼, 단추

My coat button came off.
코트 단추가 떨어졌다.

press a button 버튼을 누르다

150 **bell**
[bel 벨]
벨, 초인종; 종

At that instant the bell rang.
바로 그때 벨이 울렸다.

ring a bell 종이 울리다

151 **hole**
[houl 호울]
구멍

The mouse has passed through the hole.
쥐가 그 구멍으로 지나갔다.

dig a hole 구멍을 파다

152 **glass**
[glæs 글래스]
유리, 유리잔, 컵

The window is made of glass.
그 창문은 유리로 만들어졌다.

a glass of water 물 한 컵

153 **money**
[mʌni 머니]
돈

I have no money.
나는 돈이 하나도 없다.

have some money 약간 돈을 가지고 있다

154 **prize**
[praiz 프라이즈]
상, 상품, 상금

He gave me a clock as a prize.
그는 나에게 상으로 시계를 주었다.

win the first prize 1등상을 받다

155 **ticket**
[tíkit 티킷]
표, 승차권

Where can I get a ticket?
표를 어디서 구할 수 있습니까?

buy one-way ticket 편도 차표를 사다

156 **meeting**
[mí:tiŋ 미:팅]
회, 모임

Our club had a meeting yesterday.
우리 클럽은 어제 모임을 가졌다.

hold a meeting 모임을 열다

157 **story**
[stɔ́:ri 스토:리]
이야기, 소설

He told me an interesting story.
그는 내게 재미있는 이야기를 해주었다.

tell a story 이야기를 하다

158 **fish**
[fiʃ 피쉬]
물고기, 생선

A fish lives in water.
물고기는 물에서 산다.

catch a fish 물고기를 잡다

159 **name**
[neim 네임]
이름

What is your name?
당신의 이름은 무엇입니까?

call his name 그의 이름을 부르다

160 **life**
[laif 라이프]
삶, 생활

She is living a very happy life.
그 여자는 매우 행복한 삶을 살고 있다.

live a happy life 행복한 생활을 하다

161 **tree**
[trí: 트리]
나무

Birds are singing in a tree.
나무에서 새들이 지저귀고 있다.

fall from the tree 나무에서 떨어지다

162 **flower**
[fláuə*r* 플라워ㄹ]
꽃

A rose is a flower.
장미는 꽃이다.

a flower garden 화원

163 **rock**
[rɑk 락]
바위

I sat down on a rock.
나는 바위에 앉았다.

a big rock 큰 바위

164 **island**
[áilənd 아일런드]
섬

Korea has many island.
한국에는 섬이 많다.

a small island 작은 섬

165 **road**
[roud 로우드]
길, 도로

There are many cars and people on the road.
도로에는 많은 차와 사람들이 있다.

car on the road 도로 위의 차

166 **corner**
[kɔ́ːrnər 코ː러너ㄹ]
구석, 모퉁이

I placed the chair in the corner of the room.
나는 의자를 방의 구석에 놓았다.

building on the corner 모퉁이의 빌딩

167 **stone**
[stoun 스토운]
돌

His house is made of stone.
그의 집은 돌로 만들어져 있다.

throw a stone 돌을 던지다

168 **ground**
[graund 그라운드]
땅, 지면

The apple falls to the ground.
사과는 땅에 떨어진다.

sit on the ground 땅에 앉다

169 **lake**
[leik 레이크]
호수

We saw some water birds on the lake.
우리는 호수에 있는 물새들을 보았다.

fish in a lake 호수에서 낚시하다

170 **river**
[rívər 리버ㄹ]
강

This river is the longest in Korea.
이 강은 한국에서 가장 긴 강이다.

swim across a river 강을 헤엄쳐 건너다

171 **forest**
[fɔ́:rist 포:리스트]
숲, 삼림

There are many birds in the forest.
그 숲에는 많은 새들이 있다.

camp in a forest 숲에서 야영하다

172 **beach**
[bi:tʃ 비:치]
해변, 바닷가

We sang a song on the beach.
우리는 해변에서 노래를 불렀다.

play on the beach 해변에서 놀다

173 **thing**
[θiŋ 씽]
물건, 것

What are those thing on the table?
탁자 위에 있는 저 물건들은 무엇이냐?

buy many things 많은 것을 사다

174 **train**
[trein 트레인]
기차

They missed the train.
그들은 그 기차를 놓쳤다.

an express train 급행열차

175 ▢ ▢ ▢
vacation
[veikéiʃən 베이케이션]
휴가, 방학

He is on vacation.
그는 휴가 중이다.

the summer vacation 여름휴가

176 ▢ ▢ ▢
shop
[ʃɑp 샵]
가게, 상점

I have a small flower shop.
나는 조그만 꽃 가게를 하나 가지고 있다.

a gift shop 선물가게

177 ▢ ▢ ▢
language
[lǽŋgwidʒ 랭귀지]
언어, 말

English is a foreign language.
영어는 외국어이다.

learn foreign language 외국어 배우다

178 ▢ ▢ ▢
water
[wɔ́:tə*r* 워:터ㄹ]
물

I drank a glass of water.
나는 물 한 잔을 마셨다.

cold[hot] water 냉[온]수

179 ▢ ▢ ▢
car
[kɑ:*r* 카:ㄹ]
자동차, 차

They are washing the car.
그들은 차를 닦고 있다.

a sleeping car 침대차

180 ▢ ▢ ▢
word
[wə:*r*d 워:ㄹ드]
낱말, 단어

What does this word mean?
이 단어는 무슨 뜻입니까?

a word of advice 충고 한 마디

181
party
[pɑ́ːrti 파:ㄹ티]
모임, 파티

I'll go to his birthday party.
나는 그의 생일 파티에 갈 것이다.

hold a party 파티를 열다

182
lunch
[lʌntʃ 런치]
점심

What will you have for lunch?
점심으로 무엇을 먹을 거야?

eat lunch 점심을 먹다

183
dinner
[dínər 디너ㄹ]
저녁식사

We have dinner at six o'clock.
우리는 6시에 저녁을 먹는다.

invite to dinner 만찬에 초대하다

184
breakfast
[brékfəst 브렉퍼스트]
아침밥

Tom has his breakfast at seven o'clock.
탐은 7시에 아침을 먹는다.

after breakfast 아침 식사 후

185
animal
[ǽnəməl 애너멀]
동물

What animal do you like?
무슨 동물을 좋아하니?

a wild animals 야생 동물

186
fruit
[fruːt 프루:트]
과일, 열매

What fruit do you like best?
무슨 과일을 제일 좋아하세요?

fresh fruit 신선한 과일

187 **color**
[kʌ́lər 컬러ㄹ]
색깔, 색상

A rainbow has many colors.
무지개는 많은 색깔을 갖고 있다.

a dark color 어두운 색

188 **holiday**
[hálədèi 할러데이]
휴일, 휴가

I'm on holiday next week.
나는 다음 주에 휴가다.

a national holiday 국경일

189 **birthday**
[bə́:rθdèi 버:ㄹ쓰데이]
생일

Happy birthday to you!
생일 축하합니다.

birthday present[gift] 생일 선물

190 **bird**
[bə:rd 버:ㄹ드]
새, 날짐승

A bird is flying in the sky.
새가 하늘을 날고 있다.

fly a bird 새가 날다

191 **meat**
[mi:t 미:트]
고기

I don't like meat.
나는 고기를 좋아하지 않는다.

cook meat 고기를 요리하다

192 **job**
[dʒɑb 잡]
일, 직업

They have finished their job.
그들은 일을 끝냈다.

bad[good] job 벌이가 신통치 않은[좋은] 일

193 **boat**
[bout 보우트]
보트; 작은 배

We took a boat on the lake.
우리들은 호수에서 보트를 탔다.

a fishing boat 낚싯배

194 **number**
[nʌ́mbəːr 넘버:ㄹ]
숫자, 번호

The number has fallen greatly.
수가 퍽 줄었다.

a phone number 전화번호

195 **end**
[end 엔드]
끝, 마지막

This is the end of the story.
이것이 그 이야기의 끝이다.

at the end of the week 이번 주말에

196 **top**
[tɑp 탑]
꼭대기, 정상, 위; 윗면

He reached the top of the mountain.
그는 산꼭대기에 도착했다.

a desk top 책상 위

197 **problem**
[prɑ́bləm 프라블럼]
문제

It is a difficult problem.
그것은 어려운 문제이다.

a easy problem 쉬운 문제

198 **heart**
[hɑːrt 하:ㄹ트]
심장, 마음

She has a kind heart.
그녀는 친절한 마음씨를 가지고 있다.

have a weak heart 심장이 약하다

199 **air**
☐ [ɛər 에어ㄹ]
☐ 공기, 대기
☐

How fresh the air is!
공기가 참 상쾌하구나!

breathe air 숨쉬다

200 **festival**
☐ [féstəvəl 페스터벌]
☐ 축제, 축제일
☐

The festival is held every year.
그 축제는 매년 열립니다.

a school festival 학교 축제

201 **lesson**
☐ [lésn 레슨]
☐ 과목, 교과, 수업
☐

How many lessons do you have?
몇 과목을 배우니?

a piano lesson 피아노 레슨

202 **war**
☐ [wɔːr 워ːㄹ]
☐ 전쟁
☐

World War II broke out in 1939.
제2차 세계 대전은 1939년에 일어났다.

hate war 전쟁을 증오하다

203 **peace**
☐ [píːs 피ː스]
☐ 평화
☐

We want peace, not war.
우리들은 전쟁이 아니라 평화를 원한다.

love peace 평화를 사랑하다

204 **line**
☐ [lain 라인]
☐ 선, 줄, 열
☐

She draws a straight line.
그녀는 직선을 그린다.

parallel lines 평행선

205 **date**
[deit 데이트]
날짜

What's the date today?
오늘이 며칠입니까?

fix the date 날짜를 정하다

206 **bus**
[bʌs 버스]
버스

I go to school by bus.
나는 버스로 통학합니다.

a bus stop 버스 정류장

207 **computer**
[kəmpjúːtər 컴퓨:터ㄹ]
컴퓨터

Father bought a computer for me.
아버지는 내게 컴퓨터를 사주셨다.

a computer game 컴퓨터 게임

208 **math**
[mæθ 매쓰]
수학

English is easier than math.
영어는 수학보다 쉽다.

a math problem 수학 문제

209 **watch**
[wɑtʃ 와치]
시계; 손목시계

I lost my watch.
나는 내 시계를 잃어버렸다.

a gold watch 금시계

210 **temple**
[témpl 템플]
절, 사원

They visited the temple.
그들은 그 절을 방문했다.

an old temple 오래된 절

211 **speech**
[spíːtʃ 스피ː치]
연설

He made a speech in English.
그는 영어로 연설을 했다.

speech at the meeting
모임에서 연설하다

212 **nurse**
[nəːrs 너ː르스]
간호사

She is a nurse.
그녀는 간호사이다.

a kind nurse 친절한 간호사

213 **plant**
[plænt 플랜트]
식물

There are many wild plants in the field.
들에는 많은 야생 식물이 있다.

a wild plant 야생 식물

214 **accident**
[ǽksidənt 액시던트]
뜻밖의 사건, 사고

When did the accident occur?
그 사고는 언제 발생했습니까?

a car accident 자동차 사고

215 **century**
[séntʃuri 센추리]
세기; 백년

This building was built in the nineteenth century.
이 빌딩은 19세기에 지어졌다.

the 20th century 20세기

216 **sound**
[saund 사운드]
소리

The sound of music made me happy.
음악 소리가 나를 기쁘게 했다.

a big sound 큰 소리

217
doctor
[dáktər 닥터ㄹ]
의사, 박사

When I am sick, I see a doctor.
나는 아플 때 의사에게 진찰을 받는다.

send for a doctor 의사를 부르러 보내다

218
farm
[fa:rm 파:ㄹ암]
농장

A farmer works on the farm.
농부는 농장에서 일한다.

a fruit farm 과수원

219
plane
[plein 플레인]
비행기

What time do we board the plane?
비행기 탑승은 몇 시에 시작합니까?

a passenger plane 여객기

220
ship
[ʃip 쉽]
(큰) 배

We went to America by ship.
우리는 배를 타고 미국에 갔다.

sail on a ship 배로 항해하다

221
middle
[mídl 미들]
한가운데, 중앙

There is a large table in the middle.
한가운데에 큰 탁자가 있다.

the middle of the road 도로의 중앙

222
travel
[trǽvəl 트래벌]
여행

She has returned from her travels.
그녀는 여행에서 돌아왔다.

a travel in England 영국 여행

223 **message**
[mésidʒ 메시지]
메시지, 전하는 말

I have a massage for you.
당신에게 전할 말이 있습니다.

bring a message 메시지를 전하다

---

224 **future**
[fjú:tʃər 퓨:처ㄹ]
미래, 장래

You have to do your best for the future.
너는 미래를 위해서 최선을 다해야 한다.

a bright future 찬란한 장래

---

225 **bath**
[bæθ 배쓰]
목욕, 목욕탕, 욕실

Tom takes a bath every morning.
탐은 매일 아침 목욕을 한다.

take a bath every day 매일 목욕을 하다

---

226 **voice**
[vɔis 보이스]
목소리

She sings in a sweet voice.
그녀는 아름다운 목소리로 노래한다.

a lovely voice 사랑스런 목소리

---

227 **poem**
[póuim 포우임]
(한 편의) 시

Shakespeare wrote many famous poems.
셰익스피어는 유명한 시를 많이 썼다.

write a poem 시를 쓰다

---

228 **bike**
[baik 바이크]
자전거

They go to school by bike.
그들은 자전거를 타고 등교한다.

ride a bike 자전거를 타다

229 ▢ ▢ ▢
map
[mæp 맵]
지도

Let me show you a map.
지도를 보여 드리죠.

draw a map 지도를 그리다

230 ▢ ▢ ▢
course
[kɔːrs 코:ㄹ스]
진로

The plane changed course.
그 비행기는 진로를 바꾸었다.

change the course 진로를 바꾸다

231 ▢ ▢ ▢
member
[mémbər 멤버ㄹ]
멤버; 회원, 일원

She became a member of the club.
그녀는 그 클럽의 회원이 되었다.

a life member 종신 회원

232 ▢ ▢ ▢
trip
[trip 트립]
(짧은) 여행

We went on a trip to Gyngju.
우리는 경주로 여행을 갔다.

a day trip 일일[당일] 여행

233 ▢ ▢ ▢
volunteer
[vɑ̀ləntíər 발런티어ㄹ]
지원자; 자원봉사자

Are there any volunteers to help clear up?
청소하는 거 자진해서 도와줄 사람 있어?

volunteer work 봉사 활동

234 ▢ ▢ ▢
secret
[síːkrit 시:크릿]
비밀

He always keeps a secret.
그는 항상 비밀을 지킨다.

a secret code 암호

235
king
[kiŋ 킹]
왕, 국왕

The king wears a crown on his head.
왕은 머리에 왕관을 쓰고 있다.

the king of all animals 모든 동물의 왕

236
queen
[kwi:n 퀴:인]
여왕, 왕비

The wife of a king is called a queen.
왕의 부인은 왕비라고 불린다.

a beautiful queen 아름다운 여왕

237
camera
[kǽmərə 캐머러]
카메라, 사진기

This camera was made in Germany.
이 사진기는 독일제이다.

a old camera 오래된 카메라

238
damage
[dǽmidʒ 대미지]
손해, 피해

The flood did much damage to the crops.
그 홍수는 농작물에 큰 피해를 입혔다.

serious damage 심각한 피해

239
joke
[dʒouk 조우크]
농담, 짓궂은 장난

He often makes good jokes.
그는 자주 재미있는 농담을 한다.

take a joke 농담하다

240
sight
[sait 사이트]
광경, 경치, 시야

What a beautiful sight (it is)!
얼마나 아름다운 경치냐!

a line of sight 시선

241 **finger**
[fíŋgər 핑거ㄹ]
손가락

Mary wears a ring on her finger.
메리는 손가락에 반지를 끼고 있다.

long fingers 긴 손가락

242 **point**
[pɔint 포인트]
점, 요점

That is a weak point.
저것이 약점이다.

the point of her talk 이야기의 요점

243 **guest**
[gest 게스트]
(초대받은) 손님

I was his guest for a month.
나는 한 달 동안 그의 집에 손님으로 있었다.

a house guest 집에서 묵어가는 손님

244 **police**
[pəlíːs 펄리:스]
경관, 순경

The police were called by a passerby.
한 지나가는 사람이 경찰을 불렀다.

call a police 경찰을 부르다

245 **trouble**
[trʌ́bəl 트러벌]
곤란, 어려움

What is your trouble?
곤란한 일이 무엇입니까?

engine trouble 엔진 고장

246 **mistake**
[mistéik 미스테이크]
실수, 잘못

That is my mistake.
그건 내 실수야.

make a mistake 실수하다

247
tail
[teil 테일]
꼬리

The monkey has a long tail.
원숭이는 긴 꼬리를 갖고 있다.

a short tail 짧은 꼬리

248
scientist
[sáiəntist 사이언티스트]
과학자

I want to be a scientist.
나는 과학자가 되고 싶다.

a great scientist 위대한 과학자

249
rose
[rouz 로우즈]
장미(꽃)

He gave me five roses.
그는 나에게 장미 다섯 송이를 주었다.

a red rose 빨간 장미

250
age
[eidʒ 에이지]
나이, 연령

She is of the same age as you.
그녀는 당신과 동갑입니다.

at the age of ten 열 살 때에

251
step
[step 스텝]
계단, 발걸음

I'll be a few steps behind.
나는 몇 걸음 뒤에 있겠다.

a first step 첫 걸음

252
art
[ɑːrt 아:르트]
예술, 미술

Art is long, life is short.
예술은 길고, 인생은 짧다.

a work of art 미술품

253 **bicycle**
[báisikl 바이시클]
자전거

Mother bought a bicycle for me.
어머니께서는 나에게 자전거를 한 대 사주셨다.

ride a bicycle 자전거를 타다

254 **clock**
[klɑk 클락]
(괘종)시계

There is a clock on the wall.
벽에 시계가 하나 있다.

an alarm clock 자명종 시계

255 **hat**
[hæt 햇]
(테가 있는) 모자

The little girl wears a hat.
그 어린 소녀는 모자를 쓰고 있다.

take off a hat 모자를 벗다

256 **fire**
[faiə*r* 파이어ㄹ]
불, 화재

Fire can burn everything.
불은 모든 것을 태울 수 있다.

light a fire 불을 피우다

257 **roof**
[ru:f 루:프]
지붕

Our house has a red roof.
우리 집은 빨간 지붕이다.

the roof of a car 차의 지붕

258 **wave**
[weiv 웨이브]
물결, 파도

The waves are very high today.
오늘은 파도가 높다.

a high wave 높은 파도

259
☐☐☐
model
[mádl 마들]
모형, 모델

He's always been my role model.
그분은 언제나 저의 본보기가 돼 주셨어요.

a new model 새로운 모델

260
☐☐☐
artist
[á:rtist 아:ㄹ티스트]
예술가, 화가

An artist draws pictures well.
화가는 그림을 잘 그린다.

a world-famous artist
세계적으로 유명한 화가

261
☐☐☐
matter
[mǽtə:r 매터:ㄹ]
일, 문제

This is an important matter.
이것은 중요한 문제이다.

a little matter 사소한 문제

262
☐☐☐
percent
[pərsént 퍼ㄹ센트]
퍼센트, 백분율

You have to be in the top ten percent of your class.
학급 석차가 10% 안에는 들어야 합니다.

a hundred percent 100 퍼센트

263
☐☐☐
video
[vídiòu 비디오우]
비디오

The movie will be released on video in June.
그 영화는 6월에 비디오로 출시된다.

watch a video 비디오를 보다

264
☐☐☐
statue
[stǽtʃu: 스태추:]
조각상

There used to be a statue here.
여기에 동상이 있었다.

a statue of the Virgin Mary
성모마리아 상

265 **bomb**
[bɑm 밤]
폭탄

The bomb went off and killed twelve people.
그 폭탄이 터져서 열 두 사람이 사망했습니다.

an atomic bomb 원자 폭탄

266 **sentence**
[séntəns 센턴스]
문장

Read the sentence, please.
그 문장을 읽어 주세요.

a negative sentence 부정문

267 **subject**
[sʌ́bdʒikt 서브직트]
주제, 제목, 과목

That is an interesting subject for conversation.
그것은 회화로서는 재미있는 화제이다.

a favorite subject 좋아하는 과목

268 **clothes**
[klouðz 클로우드즈]
옷, 의복

Tom's mother is washing his clothes.
탐의 어머니께서는 그의 옷을 세탁하고 계신다.

put on clothes 옷을 입다

269 **sign**
[sain 사인]
기호, 표지, 신호, 손짓

This sign tells which way to go.
이 표지는 어느 길로 갈 것인가를 알려 준다.

talk in signs 손짓으로 이야기하다

270 **band**
[bænd 밴드]
끈, 띠, 악단, 밴드

The gift was tied with bands.
그 선물은 끈으로 묶여 있었다.

a school band 학교 악단

271 **museum**

[mju:zí:əm 뮤:지:엄]

박물관; 미술관

We visit the national museum.
우리는 국립 박물관을 방문했다.

a science museum 과학박물관

272 **blossom**

[blάsəm 블라섬]

꽃(주로 과실 꽃)

Apple blossoms are white.
사과 꽃은 하얗다.

acacia blossoms 아카시아 꽃

273 **oil**

[ɔil 오일]

기름; 석유

Mother fries fish in cooking oil.
어머니는 식용유에 생선을 튀기신다.

engine oil 엔진 오일

274 **danger**

[déindʒər 데인저ㄹ]

위험, 위험한 것

Keep out of danger.
위험하니 가까이 가지 마시오.

a lot of danger 많은 위험

275 **captain**

[kǽptin 캡틴]

(팀의) 주장

He was elected captain of a football team.
그는 축구팀의 주장으로 뽑혔다.

the captain of our team 우리 팀 주장

276 **writer**

[ráitər 라이터ㄹ]

작가, 저자

He is famous as a writer of fairy stories.
그는 동화 작가로 유명하다.

the writer of this book 이 책의 저자

277
seat
[siːt 시:트]
자리, 자석

Go back to your seat.
당신 자리로 돌아가시오.

take a seat 자리에 앉다

278
planet
[plǽnət 플래넛]
행성, 유성, 혹성

We observed the planet through a telescope.
우리는 망원경을 통해 그 혹성을 관찰했다.

the planets of the sun 태양의 행성

279
side
[said 사이드]
쪽, 측면

He sat on his father's right side.
그는 아버지의 오른쪽에 앉았다.

one side of the road 길 한쪽

280
interview
[íntərvjùː 인터ㄹ뷰:]
면담, 면접; 인터뷰

We had an interview with the President.
우리는 대통령과 면담했다.

an interview with him 그와의 면담

281
noise
[nɔiz 노이즈]
소리, 소음

There's so much noise in here.
여기는 너무 시끄럽다.

a loud noise 큰 소리(소음)

282
hero
[híərou 히어로우]
영웅

Everybody needs a hero.
모든 사람은 영웅을 필요로 합니다.

a war hero 전쟁 영웅

283
pleasure
[plézər 플레저ㄹ]
즐거움, 쾌락

He lived for pleasure.
그는 즐거움을 위해 살았다.

pleasure to read books 독서의 즐거움

284
scene
[si:n 시:인]
장면, 경치

The star came on the scene.
그 배우가 그 장면에 나왔다.

a beautiful scene 아름다운 경치

285
supermarket
[sú:pərmà:rkit 수:퍼ㄹ마:ㄹ킷]
슈퍼마켓

I'll run over to the supermarket.
슈퍼마켓에 잠깐 들러야겠다.

go to the supermarket 슈퍼에 가다

286
flight
[flait 플라잇]
비행; (비행기)편

They made a long flight.
그들은 장거리 비행을 하였다.

a flight to Los Angeles LA행 비행기

287
symbol
[símbəl 심벌]
상징; 심벌, 기호

The dove is a symbol of peace.
비둘기는 평화의 상징이다.

a phonetic symbol 발음 기호

288
president
[prézidənt 프레지던트]
대통령, 회장, 총장

He was elected President of the U.S.A.
그는 미국 대통령으로 당선되었다.

the president of a club 클럽의 회장

289
difference
[dífərəns 디퍼런스]
다름, 차이

It doesn't make any difference.
그것은 별 차이가 없다.

a big difference 큰 차이

290
mind
[maind 마인드]
마음, 정신

Tell me what you have in mind.
마음에 두고 있는 것을 말해 보아라.

change a mind 마음을 바꾸다

291
opinion
[əpínjən 어피니언]
의견, 견해

In my opinion, you're wrong.
내 생각으로는 네가 그르다.

my opinion about this
이것에 대한 나의 의견

292
singer
[síŋəːr 싱어:ㄹ]
가수

The singer is hot these days.
그 가수가 요즘 인기가 좋다.

a good singer 훌륭한 가수

293
rocket
[rákit 라킷]
로켓

We can make a rocket.
우리는 로켓을 만들 수 있다.

a space rocket 우주 로켓

294
driver
[dráivər 드라이버ㄹ]
운전사

The taxi driver was very kind to me.
운전기사가 매우 친절했다.

a bus driver 버스 운전사

295 **tube**
[tʃuːb 튜:브]
튜브; 관

This is a tube of red paint.
이것은 빨간 그림물감이 든 튜브이다.

a tube of tooth paste 튜브에 든 치약

296 **bowl**
[boul 보울]
사발, 주발

First, a bowl of vegetable soup was served.
먼저 야채 스프가 나왔다.

a bowl of rice 밥 한 사발

297 **rest**
[rest 레스트]
쉼, 휴식

Let's take a rest in that room.
저 방에서 쉽시다.

an hour's rest 1시간의 휴식

298 **doll**
[dɔl 돌]
인형

My aunt gave me a nice doll.
아주머니가 나에게 귀여운 인형을 주셨다.

a pretty doll 예쁜 인형

299 **neighbor**
[néibər 네이버ㄹ]
이웃, 이웃사람

He is my neighbor.
그는 나의 이웃이다.

talk with a neighbor 이웃과 이야기하다

300 **enemy**
[énəmi 에너미]
적

"My enemy is the lion." said the deer.
"나의 적은 사자입니다"하고 사슴이 말했다.

fight with the enemy 적과 싸우다

301 **airport**
[ɛ́ərpɔ̀ːrt 에어포:ㄹ트]
공항, 비행장

Do you know where the airport is?
공항이 어디에 있는지 아십니까?

meet at the airport 공항에서 만나다

302 **tent**
[tent 텐트]
천막, 텐트

We spent the night in a tent.
우리는 그 밤을 천막 속에서 보냈다.

pitch a tent 텐트를 치다

303 **stage**
[steidʒ 스테이지]
무대, 스테이지

She appeared on the stage.
그녀가 무대 위에 모습을 드러내었다.

dance on the stage 무대에서 춤추다

304 **science**
[sáiəns 사이언스]
과학

We study science at school.
우리는 학교에서 과학을 공부한다.

a teacher of science 과학 선생님

305 **subway**
[sʌ́bwèi 서브웨이]
지하철, 지하도

I met him at a subway station.
나는 그를 지하철역에서 만났다.

take the subway 지하철을 타다

306 **sightseeing**
[sáitsìːiŋ 사잇시:잉]
구경, 관광

We went sightseeing to Niagara Falls.
우리는 나이아가라 폭포에 관광을 갔다.

a sightseeing bus 관광버스

307
magazine
[mæ̀gəzíːn 매거지:인]
잡지

He is reading a magazine.
그는 잡지를 읽고 있다.

a monthly magazine 월간지

308
flag
[flæg 플래그]
기, 깃발

Every country has its own national flag.
모든 나라는 각각의 국기를 갖고 있다.

put up a flag 깃발을 걸다

309
wood
[wud 우드]
목재, 나무

The box is made of wood.
그 상자는 나무로 만들어졌다.

cut wood 나무를 자르다

310
emotion
[imóuʃən 이모우션]
감정; 감동

Sometimes my emotions win over my judgement.
때로는 감정이 앞선다.

show emotion 감정을 드러내다

311
greeting
[gríːtiŋ 그리:팅]
인사

She gave me a friendly greeting.
그녀는 나에게 호의 있는 인사를 하였다.

exchange greeting 인사를 교환하다

312
law
[lɔː 로:]
법, 법률

We must obey the law.
우리는 법을 따라야 한다.

the spirit of the law 법의 정신

313
partner
[pá:rtnər 파:ㄹ트너ㄹ]
파트너; 함께 활동하는 상대

Let's draw the partner.
파트너 제비뽑기로 정해요.

help the partner 파트너를 돕다

314
passport
[pǽspɔ̀:rt 패스포:ㄹ트]
패스포트; 여권

I lost my passport.
여권을 잃어버렸습니다.

show the passport 여권을 보이다

315
sunshine
[sʌ́nʃàin 선샤인]
햇빛, 양지

The children are playing in the sunshine.
어린이들은 햇빛에서 놀고 있다.

warm sunshine 따뜻한 햇볕

316
success
[səksés 석세스]
성공

He is sure of success.
그는 자신의 성공을 확신한다.

great success 대성공

317
gift
[gíft 기프트]
선물

This watch is a gift from my grandma.
이 시계는 할머니께서 주신 선물이다.

a birthday gift 생일 선물

318
garbage
[gá:rbidʒ 가:ㄹ비지]
쓰레기

I put the garbage in the trash can.
쓰레기는 휴지통에 버렸다.

collect the garbage 쓰레기를 수거하다

319
race
[reis 레이스]
레이스; 경주

I was last in the race.
나는 달리기에서 꼴찌로 들어왔다.

a boat race 보트 경주

320
rule
[ru:l 루:울]
규칙

He broke the rule.
그는 규칙을 어겼다.

follow a rule 규칙을 따르다

321
meaning
[mí:niŋ 미:닝]
의미, 뜻

What is the meaning of this sentence?
이 문장의 뜻이 무엇입니까?

understand the meaning 뜻을 이해하다

322
health
[helθ 헬쓰]
건강

He is in good health.
그는 건강하다.

keep my health 건강을 유지하다

323
tooth
[tu:θ 투:쓰]
이

I brush my teeth every morning.
나는 매일 아침 이를 닦는다.

wisdom tooth 이를 닦다

324
luck
[lʌk 럭]
운수, 행운

Good luck to you!
행운을 빕니다.

a wisdom tooth 사랑니

325 **example**
[igzǽmpl 이그잼플]
보기, 본보기

He gave them a good example.
그는 그들에게 좋은 본을 보여 주었다.

show an example 본을 보이다

326 **memory**
[mémәri 메머리]
기억(력), 추억

She has a bad memory.
그녀는 기억력이 나쁘다.

happy memories 즐거운 추억

327 **schedule**
[skédʒuːl 스케주:울]
스케줄; 시간표

This is our class schedule.
이것은 우리 반의 수업 시간표이다.

check my schedule 스케줄을 확인하다

328 **discussion**
[diskʌ́ʃәn 디스커션]
논의, 토의

We had a warm discussion on the subject.
우리는 그 문제에 관하여 맹렬한 토론을 하였다.

a long discussion 긴 토론

329 **gesture**
[ʤéstʃәr 제스처ㄹ]
제스처; 몸짓, 손짓, 흉내

He made the gestures of a monkey.
그는 원숭이 흉내를 냈다.

a angry gesture 화난 몸짓

330 **headache**
[hédèik 헤데익]
두통

I have a bad headache today.
나는 오늘 두통이 심하다.

a slight headache 가벼운 두통

331
joy
[dʒɔi 조이]
기쁨

He jumped up with joy.
그는 기뻐서 깡충 뛰었다.

a great joy 커다란 기쁨

332
bottle
[bátl 바틀]
병

There is an empty bottle in the kitchen.
부엌에는 빈 병이 있다.

a bottle of milk 우유 한 병

333
camp
[kæmp 캠프]
캠프; 야영

It was a really interesting camp.
정말 재미있는 캠프였다.

a ski-camp 스키캠프

334
screen
[skríːn 스크리:인]
스크린; 화면

The screen is fuzzy.
화면이 흔들려요.

screen editing 화면 편집

335
activity
[æktívəti 액티버티]
활동

What kind of club activity do you like?
어떤 클럽 활동을 좋아하세요?

the activity of a volcano 화산의 활동

336
shoe
[ʃuː 슈:]
구두

Mother bought me a pair of new shoes. 어머니께서는 나에게 새 신발을 한 켤레 사 주셨다.

a old shoes 헌 신발

337
tear
[tíəːr 티어:ㄹ]
눈물

Tears fell down from her eyes.
그녀의 눈에서 눈물이 떨어졌다.

tears of joy 기쁨의 눈물

338
title
[táitl 타이틀]
타이틀, 제목; 표제

What is the title of the book you are reading?
당신이 읽고 있는 책의 제목은 무엇입니까?

win a boxing title 권투 선수권을 따다

339
beginning
[bigíniŋ 비기닝]
시초, 시작

A good beginning makes a good ending.
시작이 좋으면 끝도 좋다.

the beginning of March 3월 초

340
center
[séntər 센터ㄹ]
중앙, 중심

I put the vase in the center of the table.
나는 탁자 중앙에 그 꽃병을 놓았다.

the center of a city 도시의 중심

341
bottom
[bátəm 바텀]
아랫부분, 밑바닥

Look at the bottom of page 40.
40페이지의 아랫부분을 보시오.

bottom of a river 강바닥

342
size
[saiz 사이즈]
사이즈; 크기, 치수

These two caps are of the same size.
이 두 개의 모자는 같은 크기이다.

the size of the window 창문의 크기

343
reason
[ríːzən 리:전]
이유, 원인, 까닭

She suddenly left without any reason.
그녀는 별 이유 없이 갑자기 떠났다.

the reason for success 성공 이유

344
purpose
[pə́ːrpəs 퍼:ㄹ퍼스]
목적, 의도

What is the purpose of studying English?
영어를 공부하는 목적은 무엇입니까?

the purpose of visit 방문 목적

345
silence
[sáiləns 사일런스]
침묵; 잠잠함

They kept silence.
그들은 침묵을 지켰다.

a man of silence 과묵한 사람

346
contact
[kɔ́ntækt 콘택트]
접촉, 연락; 교제

Is there any way I can contact you later? 나중에 연락할 수 없을까요?

the contact between them
그들 사이의 접촉

347
spaceship
[spéisʃìp 스페이스십]
우주선

I feel like I'm in a spaceship.
마치 우주선 안에 들어온 것 같아요.

a spaceship to the moon
달에 가는 우주선

348
design
[dizáin 디자인]
디자인; 도안

Do you have any other designs?
다른 디자인이 있습니까?

a design of roses 장미꽃 무늬의 도안

349 **type**
[taip 타입]
타입; 형, 유형

We see different types of airplanes at the airport.
공항에서는 여러 가지 모양의 비행기를 보게 된다.

a new type of car 신형 자동차

350 **neck**
[nek 넥]
목

The giraffe has a long neck.
기린 은 긴 목을 가지고 있다.

a short neck 짧은 목

351 **shoulder**
[ʃóuldər 쇼울더ㄹ]
어깨

He has a gun on his shoulder.
그는 총을 어깨에 메고 있다.

big shoulders 다부진 어깨

352 **coat**
[kout 코우트]
외투, 코트

She wears a warm coat over her dress.
그녀는 드레스 위에 따뜻한 외투를 입고 있다.

a fur[leather] coat 모피[가죽] 코트

353 **exam**
[igzǽm 이그잼]
시험

I studied for an exam.
시험에 대비하여 공부를 했다

an English exam 영어 시험

354 **cloth**
[klɔθ 클로쓰]
천, 직물

Mother bought a yard of cloth.
어머니는 1야드의 천을 샀다.

clean cloth 깨끗한 천

355
address
[ədrés 어드레스]
주소

What is your address?
주소가 어떻게 되십니까?

a new address 새로운 주소

356
musician
[mju:zíʃən 뮤:지션]
음악가

He is a famous musician.
그는 유명한 음악가이다.

a great musician 위대한 음악가

357
death
[deθ 데쓰]
죽음, 사망

She is facing death.
그녀는 죽음에 직면하고 있다.

a hero's death 영웅의 죽음

358
government
[gʌ́vərnmənt 거버ㄹ언먼트]
정부

My father works for the government.
저의 아버지는 공무원입니다.

the Government of Korea 한국 정부

359
continent
[kɔ́ntinənt 콘티넌트]
대륙

Asia is the largest continent in the world.
아시아는 세계에서 가장 큰 대륙이다.

the European continent 유럽 대륙

360
hospital
[háspitl 하스피틀]
병원

Mom took me to the hospital.
엄마는 나를 데리고 병원에 갔다.

an eye hospital 안과 병원

361
wing
[wíŋ 윙]
날개

Birds have wings.
새들은 날개를 가지고 있다.

spread a wing 날개를 펴다

362
drum
[drʌm 드럼]
드럼, 북

The drum is a percussion instrument.
드럼은 타악기다.

beat a drum 드럼을 치다

363
basket
[bǽskit 배스킷]
바구니

Some fruits are in the basket.
약간의 과일이 바구니 안에 있다.

carry a basket 바구니를 운반하다

364
stamp
[stæmp 스탬프]
우표

I am collecting stamps.
나는 우표를 수집하고 있다.

put a stamp 우표를 붙이다

365
balloon
[bəlú:n 벌루:운]
기구; 풍선

Air leaked out of the balloon.
풍선에서 공기가 빠져나갔다.

blow up a balloon 풍선을 불다

366
branch
[bræntʃ 브랜치]
나뭇가지

Two birds are sitting on the branch.
두 마리의 새가 나뭇가지 위에 앉아 있다.

break a branch 나뭇가지를 꺾다

367 **knife**
☐ [naif 나이프]
☐ 칼
☐

We cut the cake with a knife.
우리는 칼로 케이크를 자른다.

knives and forks 나이프와 포크

368 **fork**
☐ [fɔːrk 포:르크]
☐ 포크
☐

They use a fork and spoon to eat.
그들은 먹는 데 포크와 숟가락을 사용한다.

eat with a fork 포크로 먹다

369 **brush**
☐ [brʌʃ 브러시]
☐ 솔, 붓
☐

I bought a toothbrush.
나는 칫솔을 샀다.

paint with a brush 붓으로 페인트를 칠하다

370 **pain**
☐ [pein 페인]
☐ 아픔, 고통
☐

I feel a pain in my hand.
손이 아프다.

cry with pain 통증으로 소리치다

371 **apartment**
☐ [əpáːrtmənt 어파:르트먼트]
☐ 아파트
☐

Have you found a new apartment? 새 아파트 구했어요?

a four-room apartment
방 4개짜리 아파트

372 **hometown**
☐ [hóumtàun 호움타운]
☐ 고향
☐

Where do you call your hometown? 고향이 어디 신가요?

return to my hometown
나의 고향으로 돌아가다

373
hall
[hɔːl 호:올]
홀, 강당

There are many students in the hall.
강당에 많은 학생들이 있다.
a large hall 큰 홀

374
shirt
[ʃəːrt 셔:ㄹ트]
셔츠, 와이셔츠

I like this shirt.
나는 이 셔츠가 마음에 든다.
a gray shirt 회색 셔츠

375
skirt
[skəːrt 스커:ㄹ트]
스커트, 치마

She wears a sweater and a skirt.
그녀는 스웨터와 스커트를 입고 있다.
a short skirt 짧은 치마

376
foreigner
[fɔ́ːrinər 포:리너ㄹ]
외국사람, 외국인

Do you know who that foreigner is?
저 외국인이 누구인지 아십니까?
a tall foreigner 키가 큰 외국인

377
soldier
[sóuldʒər 소울저ㄹ]
군인, 병사

The soldiers will fight bravely.
군인들은 용감히 싸울 것이다.
a brave soldier 용감한 군인

378
farmer
[fáːrmər 파:ㄹ머ㄹ]
농부

A farmer gets up early in the morning.
농부는 아침 일찍 일어난다.
become a farmer 농부가 되다

379
clerk
[kləːrk 클러:ㄹ크]
사무원, 점원

My sister is a clerk.
나의 누이는 사무원이다.

a young clerk 젊은 사무원

380
zoo
[zuː 주:]
동물원

We went to the zoo last Sunday.
우리는 지난 일요일에 동물원에 갔다.

wild animals in the zoo
동물원의 야생동물들

381
cage
[keidʒ 케이지]
새장, (동물의) 우리

There is a beautiful canary in the cage.
아름다운 카나리아가 새장에 있다.

a bird in a cage 새장 속의 새

382
pet
[pet 펫]
귀여워하는 동물, 애완동물

I want to raise a pet dog.
나는 애완견을 기르고 싶다.

a pet shop 애완동물 가게

383
movement
[múːvmənt 무:브먼트]
운동, 움직임, 동작

He took part in the movement.
그는 그 운동에 참가했다.

a quick movement 민첩한 움직임

384
tape
[teip 테이프]
테이프

I'm copying my friend's English tapes.
친구의 영어 테이프를 복사하고 있어요.

breast the tape 테이프를 끊다

385 **truck**
[trʌk 트럭]
트럭; 화물차

Vegetables are carried to the market on trucks.
야채는 트럭으로 시장에 운반된다.

drive a truck 트럭을 운전하다

386 **suitcase**
[sú:tkèis 슈:트케이스]
여행가방

He put a label his suitcase.
그는 여행가방에 꼬리표를 붙였다.

a heavy suitcase 무거운 가방

387 **castle**
[kǽsl 캐슬]
성, 성채

The castle stands on the hill.
성은 언덕 위에 서 있다.

an old castle 오래된 성

388 **telephone**
[téləfòun 텔러포운]
전화; 전화기

There is a telephone on the table.
탁자 위에 전화기가 있다.

answer the telephone 전화를 받다

389 **lamp**
[læmp 램프]
램프; 등

She turned on the lamp beside the bed.
그녀는 침대 옆에 있는 램프를 켰다.

a table lamp 테이블 램프[전기스탠드]

390 **factory**
[fǽktəri 팩터리]
공장

My father works in that car factory.
아버지는 저 자동차 공장에서 일하십니다.

a car factory 자동차 공장

391
☐ **university**
☐ [jùːnəvə́ːrsəti 유:니버:ㄹ서티]
☐ 대학, 종합대학

My brother goes to the university.
나의 오빠는 대학에 다닌다.

study at university 대학에서 공부하다

392
☐ **field**
☐ [fiːld 피:일드]
☐ 벌판, 들; 밭

Cows are eating grass in the field.
소들이 들에서 풀을 먹고 있다.

play in the green field 풀밭에서 놀다

393
☐ **pool**
☐ [puːl 푸:울]
☐ 수영장

Where is the swimming pool?
수영장이 어디에 있지?

swim in the pool 풀장에서 수영하다

394
☐ **stair**
☐ [stɛəːr 스테어:ㄹ]
☐ 계단

Please, go down the stairs.
계단 아래로 내려가세요.

go up the stairs 계단을 오르다

395
☐ **church**
☐ [tʃəːrtʃ 처:ㄹ치]
☐ 교회, 예배당

They go to church on sunday.
그들은 일요일에 교회에 간다.

a church tower 교회탑

396
☐ **pond**
☐ [pɑnd 판드]
☐ 연못

They have a pond in the garden.
그들은 연못에 정원을 갖고 있다.

a fish pond 물고기를 키우는 연못

397 **desert**
[dézərt 데저ㄹ트]
사막

A desert lacks water.
사막에는 물이 없다

a bleak desert 황량한 사막

398 **adventure**
[ædvéntʃər 애드벤처ㄹ]
모험; 뜻하지 않은 일

He had many adventures in Africa.
그는 아프리카에서 많은 모험을 하였다.

a story of adventure 모험 소설

399 **bedroom**
[bédrù:m 베드루:움]
침실

I want a bedroom to myself.
나 혼자서 쓸 침실이 필요합니다.

a quiet bedroom 조용한 침실

400 **leaf**
[li:f 리:프]
잎, 나뭇잎

The trees will soon be in leaf.
나무들은 곧 푸른 잎이 무성할 것이다.

a green leaf 푸른 잎

401 **film**
[film 필름]
필름, 영화

Shall we go and see a film?
우리 영화 보러 가지 않을래?

a color film 컬러 필름

402 **contest**
[kɔ́ntest 콘테스트]
콘테스트; 경쟁, 경기

I took the cake in the contest.
난 그 대회에서 상을 탔어.

a dance contest 댄스 경연대회

403
program
[próugræm 프로우그램]
프로그램

I installed a new program on the computer.
컴퓨터에 새로운 프로그램을 설치했다.

a TV program 텔레비전 프로그램

404
coach
[koutʃ 코우치]
(운동경기의) 코치

Where's the coach?
코치는 어디에 있지요?

a baseball coach 야구 코치

405
bank
[bæŋk 뱅크]
은행

You can save your money in the bank.
너는 은행에 너의 돈을 저금할 수 있다.

work at a bank 은행에서 일하다

406
diningroom
[dáiniŋrù:m 다이닝루:움]
(가정, 호텔의) 식당

Where is the diningroom?
식당은 어디에 있습니까?

eat in the diningroom 식당에서 먹다

407
food
[fu:d 푸:드]
음식, 먹을 것

Rice, meat and vegetables are different kinds of food.
밥, 고기, 야채는 다른 종류의 음식이다.

delicious food 맛있는 음식

408
ice
[ais 아이스]
얼음

Water changes into ice when it is cold.
날씨가 추울 때 물은 얼음으로 변한다.

cold ice 차가운 얼음

409 **smoke**
[smouk 스모우크]
연기

White smoke is pouring out of a chimney.
흰 연기가 굴뚝에서 나오고 있다.

black smoke 검은 연기

410 **speed**
[spí:d 스피:드]
속력, 속도

The car ran at a speed of 60 kilometers per hour.
차는 시속 60킬로의 속도로 달렸다.

top speed 최고 속도

411 **power**
[páuər 파우어ㄹ]
힘

They lost the power to walk.
그들은 걸을 힘을 잃었다.

strong power 강한 힘

412 **energy**
[énərdʒi 에너ㄹ지]
에너지; 정력, 활기

He is full of energy.
그는 활력이 넘쳐흐른다.

great energy 큰 에너지

413 **skin**
[skín 스킨]
살갗, 피부, 껍질

She has a fair skin.
그녀는 피부가 희다.

a thin skin 얇은 껍질

414 **lip**
[líp 립]
입술

He has a pipe between his lips.
그는 입(술)에 파이프를 물고 있다.

red lips 빨간 입술

415 **glove**
[glʌv 글러브]
장갑

Who is the boy in gloves.
장갑을 끼고 있는 소년은 누구니?

put on gloves 장갑을 끼다

416 **business**
[bíznis 비즈니스]
사업; 장사, 일; 업무

He is a man of business.
그는 사업가이다.

a man of business 사업가

417 **character**
[kǽriktər 캐릭터ㄹ]
성격, 성질

He is a man of character.
그는 인격자이다.

a good character 좋은 성격

418 **manner**
[mǽnəːr 매너:ㄹ]
태도, 모양, 예의범절

She spoke in a gentle manner.
그녀는 점잖게 말했다.

a friendly manner 우호적인 태도

419 **pilot**
[páilət 파일럿]
파일럿; 조종사

I want to be a pilot.
나는 조종사가 되고 싶다.

a old pilot 나이든 조종사

420 **fool**
[fuːl 푸:울]
바보

He must be a fool to do such a thing.
그런 짓을 하다니 그는 바보임에 틀림없다.

a big fool 심한 바보

421
form
[fɔːrm 포:ㄹ옴]
형태, 모습

His pitching form is excellent.
그의 투구 폼은 훌륭하다.

a simple form 단순한 형태

422
period
[píəriəd 피어리어드]
기간, 시기

He stayed there for a short period.
그는 잠시 동안 그 곳에 머물렀다.

a period of illness 앓았던 기간

423
event
[ivént 이벤트]
생긴 일, 사건

The Olympics are a great event.
올림픽 대회는 큰 행사이다.

a big event 큰 사건(행사)

424
racket
[rækit 래킷]
라켓

We play tennis with a racket and a ball.
우리들은 라켓과 공으로 테니스를 한다.

a tennis racket 테니스 라켓

425
grade
[greid 그레이드]
성적, 평점

He got grade A in English.
그는 영어에서 A학점을 얻었다.

the sixth grade 제 6등급

426
elevator
[éləvèitər 엘러베이터ㄹ]
엘리베이터; 승강기

Is this elevator going up or down?
이 엘리베이터 올라갑니까, 내려갑니까?

take an elevator 엘리베이터를 타다

427
grass
[græs 그래스]
풀, 잔디

The field is covered with grass.
들판은 풀로 덮여 있다.

cut grass 풀을 베다

428
curtain
[kə́:rtn 커:르튼]
커튼, (무대의) 막

The child hid himself behind the curtain.
그 아이는 커튼 뒤에 숨었다.

draw the curtain 커튼을 치다

429
beef
[bi:f 비:프]
쇠고기

She bought some bread and beef at the store.
그녀는 가게에서 약간의 빵과 쇠고기를 샀다.

cook beef 소고기를 요리하다

430
hobby
[hɑ́bi 하비]
취미

What is your hobby?
당신의 취미는 무엇입니까?

an expensive hobby 돈이 많이 드는 취미

431
gold
[gould 고울드]
금, 황금

There were several gold bars in the pond.
그 연못 안에는 금덩이가 여럿 있었다.

a gold watch 금시계

432
diamond
[dáiəmənd 다이어먼드]
다이아몬드

A diamond is an expensive jewel.
다이아몬드는 값비싼 보석이다.

a diamond ring 다이아몬드 반지

433 **homeroom**
[hóumrù:m 호움루:움]
홈룸, 담임

It's homeroom.
학급 회의입니다.

a homeroom teacher 담임선생님

434 **friendship**
[fréndʃip 프렌드십]
우정, 친교

I hope our friendship will last forever.
우리들의 우정이 영원히 계속되기를 바랍니다.

a casual friendship 가벼운 우정

435 **skill**
[skil 스킬]
숙련, 능숙한 솜씨

John has great skill in baseball.
존은 야구에 대단한 솜씨를 지녔다.

skill in baseball 야구 실력

436 **tourist**
[túərist 투어리스트]
관광객, 여행자

I'm a tourist.
관광객입니다.

a tourist in Seoul 서울 관광객

437 **path**
[pæθ 패쓰]
작은 길; 통로

I walked up the path through the woods.
나는 숲 속의 오솔길을 걸어 올라갔다.

a concrete path 콘크리트 길

438 **half**
[hɑ:f 하:프]
절반

Would you like half this apple?
사과 반 쪽 드실래요?

at half past eight 수업은 8시 반에

439
part
[pɑːrt 파:르트]
부분

Mary cut the cake into four parts.
메리는 케이크를 네 부분으로 잘랐다.

a part of Asia 아시아의 일부

440
group
[gruːp 그루:웁]
그룹; 무리, 모임

A group of children were playing in the garden.
한 무리의 어린이들이 뜰에서 놀고 있었다.

a group tour 단체 여행

441
care
[kɛər 케어ㄹ]
조심; 주의, 돌봄; 보호

He is full of care.
그는 주의 깊은 사람이다.

the care of a baby 아기를 돌봄

442
speaker
[spíːkər 스피:커ㄹ]
말하는 사람, 스피커

I should like to be a good speaker.
나는 말을 잘하는 사람이 되고 싶다.

install speakers 스피커를 설치하다

443
dollar
[dálər 달러ㄹ]
달러

I changed some money for U.S. dollars.
돈을 미화로 환전하였다.

one hundred dollars 100달러

444
cent
[sent 센트]
센트(1달러의 100분의 1)

Please give me ten twenty cent stamps.
20센트짜리 우표 10장 주세요.

cost fifty cents 50센트 들다

445 **meter**
[míːtər 미:터ㄹ]
미터

A whale grows to over 30 meters long.
어떤 고래는 30미터 이상 자란다.

run a hundred meters 100미터를 달리다

446 **mile**
[mail 마일]
마일(약 1,609m)

The river is ten miles long.
그 강은 길이가 10마일이다.

walk ten miles 10마일을 걷다

447 **inch**
[íntʃ 인치]
인치(약 2.5cm)

There are twelve inches to a foot.
1피트는 12인치다.

ice three inches thick 3인치 두께의 얼음

448 **ton**
[tʌn 턴]
톤(1톤은 1000kg)

The ship weighs more than ten thousand tons.
이 배는 무게가 1만 톤 이상 된다.

three tons of water 3톤의 물

449 **pound**
[paund 파운드]
파운드

How many pounds do you weigh?
체중이 몇 파운드나 되십니까?

a pound of sugar 1파운드 설탕

450 **lot**
[lɑt 랏]
(수나 양에 모두 쓰임) 많음

He knows a lot about insects.
그는 곤충에 관해서 많은 것을 안다.

a lot of stamps 많은 우표

451 ☐☐☐

plenty

[plénti 플렌티]

풍부함, 넉넉함

We had food and drink in plenty.
우리는 먹을 것과 마실 것이 풍성했다.

plenty of milk 많은 우유

452 ☐☐☐

piece

[pí:s 피:스]

한 부분(조각)

I need a piece of chalk.
나는 분필 한 자루가 필요하다.

a piece of bread 빵 한 조각

453 ☐☐☐

pair

[pεər 페어ㄹ]

한 쌍, 한 벌

Mother bought me a pair of shoes.
어머니께서는 나에게 구두를 한 켤레 사주셨다

a pair of shoes 신발 한 켤레

454 ☐☐☐

sheet

[ʃi:t 시:트]

시트, (종이 따위의) 한 장

She changed the sheets on the bed.
그녀는 침대의 시트를 갈았다.

a sheet of paper 종이 한 장

455 ☐☐☐

ink

[iŋk 잉크]

잉크

He is writing with pen and ink.
그는 펜과 잉크로 쓰고 있다.

black ink 검정 잉크

456 ☐☐☐

lily

[líli 릴리]

백합(꽃)

A lily is a pretty flower.
백합은 예쁜 꽃이다.

a white lily 하얀 백합꽃

457 **blood**

[blʌd 블러드]

피, 혈액

Have you ever given blood?
너 헌혈 해봤니?

red blood 붉은 피

458 **iron**

[áiərn 아이어ㄹ언]

철, 다리미

Strike while the iron is hot.
쇠는 달구어 졌을 때 두드려라.

an electric iron 전기다리미

459 **information**

[ìnfərméiʃən 인퍼ㄹ메이션]

정보

I have no information about it.
나는 그것에 대해서는 아무것도 듣지 못했다.

useful information 유용한 정보

460 **communication**

[kəmjù:nəkéiʃən 커뮤:너케이션]

전달, 통신

All communications are still down.
모든 통신은 아직도 두절입니다.

a means of communication 통신기관

461 **bat**

[bæt 배트]

방망이, (야구) 배트

I have a bat in my right hand.
나는 오른손에 배트를 가지고 있다.

a baseball bat 야구 방망이

462 **calendar**

[kǽləndər 캘런더ㄹ]

달력

A big calendar is hanging on the wall.
큰 달력이 벽에 걸려 있다.

hang a calendar 달력을 걸다

463
candle
[kǽndl 캔들]
양초

She put ten candles on the birthday cake. 그녀는 생일 케이크 위에 열 자루의 양초를 꽂았다.

light a candle 초에 불을 켜다

464
umbrella
[ʌmbrélə 엄브렐러]
우산

She has an umbrella in her hand.
그녀는 손에 우산을 들고 있다.

carry an umbrella 우산을 들고 다니다

465
vase
[veis 베이스]
꽃병

Mother put the flowers in the vase.
어머니는 꽃병에 꽃을 꽂았다.

break a vase 꽃병을 깨트리다

466
gate
[geit 게이트]
문

A man is standing by the gate.
한 사람이 문 옆에 서 있다.

open a gate 문을 열다

467
traffic
[trǽfik 트래픽]
교통(량), 통행

The traffic lights turned red.
교통 신호등이 빨간색으로 바뀌었다.

a traffic accident 교통사고

468
marathon
[mǽrəθɑ̀n 매러싼]
마라톤 경주

He came in second in the marathon race.
그는 마라톤 경주에서 둘째로 들어왔다.

a marathon runner 마라톤 선수

469
picnic
[píknik 피크닉]
피크닉, 소풍

We went on a picnic last Sunday.
우리는 지난 일요일에 소풍을 갔다.

a picnic in the park 공원에서의 피크닉

470
airplane
[ɛ́ərplèin 에어ㄹ플레인]
비행기

An airplane is flying in the sky.
비행기가 하늘을 날고 있다.

an airplane for London 런던행 비행기

471
quarter
[kwɔ́:rtər 쿼:ㄹ터ㄹ]
4분의 1, 15분

There is a quarter of an orange left.
귤의 4분의 1이 남아 있다.

a quarter of a cake 케이크의 4분의 1

472
pupil
[pjú:pəl 퓨:펄]
학생(초등·중학생)

There are many pupils in our school.
우리 학교에는 많은 학생들이 있다.

the pupils of a class 반의 학생들

473
front
[frʌnt 프런트]
정면, 전방

There is a garden in front of the house.
집 앞에 정원이 있다.

the front of a building 건물의 정면

474
heat
[hí:t 히:트]
열, 더위

The sun gives us light and heat.
태양은 우리에게 빛과 열을 준다.

the heat of the sun 태양열

475 ☐ ☐ ☐

capital

[kǽpitl 캐피틀]

수도

Seoul is the capital of Korea.
서울은 한국의 수도이다.

the capital of Egypt 이집트 수도

---

476 ☐ ☐ ☐

interest

[íntərist 인터리스트]

흥미, 관심

She has an interest in collecting stamps.
그녀는 우표 수집에 흥미를 가지고 있다.

show interest in it 그것에 관심을 보이다

---

477 ☐ ☐ ☐

attention

[əténʃən 어텐션]

주의, 주목

Please pay attention to what I am saying. 제 말에 주목해 주십시오.

pay attention to her
그녀에게 주의를 주다

---

478 ☐ ☐ ☐

birth

[bəːrθ 버:ㄹ쓰]

출생, 탄생, 태어남

The baby weighed three kilos at birth.
아기는 태어났을 때 몸무게가 3킬로였다.

from birth to death 태어나서 죽을 때까지

---

479 ☐ ☐ ☐

mathematics

[mæ̀θəmǽtiks 매써매틱스]

수학

I studied mathematics last night.
나는 어젯밤 수학을 공부했다.

higher mathematics 고등수학

---

480 ☐ ☐ ☐

examination

[igzæ̀mənéiʃən 이그재머네이션]

시험

We had an examination in English yesterday.
우리는 어제 영어 시험이 있었다.

pass an examination 시험에 합격하다

481 **square**
[skwɛəːr 스퀘어ː ㄹ]
정사각형

The pupil is drawing a square on the paper.
그 학생은 종이에 정사각형을 그리고 있다.

a square room 정사각형 모양의 방

482 **page**
[peidʒ 페이지]
페이지; 면, 쪽

Open your books to page 11.
책의 11페이지를 펴라.

turn a page 페이지를 넘기다

483 **taxi**
[tǽksi 택시]
택시

We often use a taxi.
우리는 종종 택시를 이용한다.

go to the by taxi 택시로 가다

484 **block**
[blɔk 블럭]
덩이, 시가의 한 구획

It's two blocks from here.
여기서 두 구획을 가시면 있습니다.

walk two blocks 2블록 걷다

485 **market**
[máːrkit 마ː ㄹ킷]
시장

Mother has gone to market.
어머니는 시장에 물건 사러 가셨다.

a fruit market 과일가게

486 **company**
[kʌ́mpəni 컴퍼니]
회사

My brother goes to his company every day.
형님은 매일 회사에 나간다.

work for a company 회사에서 일하다

487
coast
[koust 코우스트]
해안

We drove along the coast.
우리는 해안선을 따라 드라이브하였다.

sail along the coast 해안을 따라 항해하다

488
soap
[soup 소웁]
비누

Wash your hands with soap.
비누로 손을 씻어라.

soap and water 비누와 물

489
spoon
[spuːn 스푸:운]
스푼, 숟가락

He is eating soup with a spoon.
그는 스푼으로 수프를 먹고 있다.

a soup spoon 수프 스푼

490
guitar
[gitáːr 기타:ㄹ]
기타

He plays the guitar very well.
그는 기타를 잘 친다.

an electric guitar 전기 기타

491
violin
[vàiəlín 바이얼린]
바이올린

She played the violin.
그녀는 바이올린을 켰다.

a old violin 오래된 바이올린

492
piano
[piǽnou 피애노우]
피아노

She played the song on the piano.
그녀는 그 노래를 피아노로 연주하였다.

a big piano 큰 피아노

493
bench
[bentʃ 벤치]
벤치; 긴 의자

There is a bench under the tree.
나무 밑에 벤치가 하나 있다.

a bench in the park 공원의 벤치

494
sofa
[sóufə 소우퍼]
소파; 긴 안락의자

This sofa is really comfortable.
이 소파는 정말 편안하다.

a soft sofa 안락한 소파

495
pants
[pænts 팬츠]
바지

I always wear pants and a shirt.
나는 항상 바지와 셔츠를 입는다.

blue pants 청바지

496
shower
[ʃáuə*r* 샤우어ㄹ]
샤워, 소나기

I am taking a shower.
나는 샤워를 하고 있다.

be caught in a shower 소나기를 만나다

497
vegetable
[védʒətəbl 베저터블]
채소; 야채

These are fresh vegetables.
이것들은 신선한 채소이다.

green vegetables 푸른색 채소

498
plate
[pleit 플레이트]
접시

He looked at the food on his plate.
그는 그의 접시에 있는 음식을 보았다.

a round plate 둥근 접시

499 **painting**
[péintiŋ 페인팅]
(그림물감으로 그린) 그림

There's a painting on the wall.
벽에 그림이 하나 걸려 있다.

a beautiful painting 아름다운 그림

500 **insect**
[ínsekt 인섹트]
곤충, 벌레

Ants and butterflies are insects.
개미와 나비는 곤충이다.

a small insect 작은 곤충

501 **cap**
[kæp 캡]
(테가 없는) 모자

Tom wears a cap on his head.
탐은 머리에 모자를 쓰고 있다.

a baseball cap 야구모자

502 **pocket**
[pάkit 파킷]
포켓; 주머니

I have some money in my pocket.
나는 주머니에 약간의 돈이 있다.

a pants pocket 바지 주머니

503 **present**
[prézənt 프레전트]
선물

Father gave me a Christmas present.
아버지는 나에게 크리스마스 선물을 주셨다.

a birthday present 생일 선물

504 **pianist**
[piǽnist 피애니스트]
피아니스트

She is a famous pianist.
그녀는 유명한 피아니스트다.

a born pianist 타고난 피아니스트

505
reporter
[ripɔ́ːrtər 리포:ㄹ터ㄹ]
보고자; 신문기자, 통신원

He is a reporter for a newspaper.
그는 신문사 기자입니다.

an entertainments reporter 연예 기자

506
mat
[mæt 맷]
매트; 돗자리, 깔개

I wiped my shoes on a door mat.
나는 현관의 매트 위에서 신을 닦았다.

an exercise mat 운동 매트

507
pipe
[paip 파이프]
파이프; 관

Water comes to our houses through long pipes.
긴 수도관을 통하여 물이 우리집으로 들어온다.

a long pipe 긴 파이프

508
playground
[pléigràund 플레이그라운드]
놀이터; 운동장

There are many students on the playground.
운동장에 많은 학생들이 있다.

a school playground 학교 운동장

509
sale
[seil 세일]
판매; 특매, 세일

That department store is having a Christmas (bargain) sale.
저 백화점은 크리스마스 특매를 하고 있다.

cars sale 자동차 판매

510
pot
[pɑt 팟]
포트; 항아리, 단지

She has silver coffeepot.
그녀는 은으로 만든 커피포트를 가지고 있다.

juice in a pot 포트 속의 주스

511
entrance
[éntrəns 엔트런스]
입구

At the entrance, I saw two girls.
입구에서 나는 두 소녀를 보았다.

the front entrance 정면 입구

512
nation
[néiʃən 네이션]
국가, 국민

How many nations are in the world?
세계는 몇 개 국가가 있습니까?

the United Nations 국제 연합

513
soup
[suːp 수:웁]
수프

Mother made tomato soup for me.
어머니는 나에게 토마토 수프를 만들어 주셨다.

vegetable soup 야채수프

514
bookstore
[búkstɔ̀ːr 북스토:ㄹ]
서점, 책방

There is a bookstore near my house.
나의 집 근처에 서점이 하나 있다.

a big bookstore 큰 서점

515
theater
[θíːətər 씨:어터ㄹ]
극장, 영화관

Is there a movie theater around here?
이 근처에 극장이 있습니까?

a small theater 작은 극장

516
runner
[rʌ́nər 러너ㄹ]
달리는 사람, (야구) 주자

He is a very fast runner.
그는 매우 빨리 달리는 사람이다.

a long-distance runner 장거리 주자

517 **worker**
[wə́ːrkər 워:ㄹ커ㄹ]
일하는 사람, 일꾼, 노동자

The workers are resting now.
일꾼들은 지금 쉬고 있다.

a hard worker 부지런한 노동자

518 **poet**
[póuit 포우잇]
시인

He is a famous American poet.
그는 유명한 미국 시인이다.

a great poet 위대한 시인

519 **painter**
[péintər 페인터ㄹ]
화가

He is a painter and decorator.
그는 화가이자 장식가이다.

a water-color painter 수채화가

520 **policeman**
[pəlíːsmən 펄리:스먼]
경관, 순경

The policeman ran after the thief.
순경은 도둑의 뒤를 쫓았다.

a kind policeman 친절한 경찰관

521 **servant**
[sə́ːrvənt 서:ㄹ번트]
하인, 부하

He has two servants.
그는 두 명의 하인이 있다.

a old servant 나이를 먹은 하인

522 **leader**
[líːdər 리:더ㄹ]
리더; 지도자

He is the leader of the party.
그는 그 정당의 지도자이다.

the leader of the group
그룹의 리더(지도자)

523 **riddle**
[rídl 리들]
수수께끼

He asked a very interesting riddle.
그는 퍽 재미있는 수수께끼를 냈다.

answer a riddle 수수께끼에 답하다

524 **gun**
[gʌn 건]
총

He shot a bird with his gun.
그는 총으로 새를 쏘았다.

a toy gun 장난감 총

525 **novel**
[nɔ́vəl 너벌]
소설

I am reading a fantasy novel.
난 판타지 소설을 읽고 있다.

romantic novels 연애 소설

526 **television**
[téləvìʒən 텔러비전]
텔레비전

He watches television every evening. 그는 매일 저녁 텔레비전을 본다.

speak on television
텔레비전으로 연설하다

527 **fear**
[fíər 피어ㄹ]
두려움, 공포

She cried for fear.
그녀는 무서워서 고함을 질렀다.

feel fear 두려움을 느끼다

528 **weight**
[weit 웨이트]
무게, 몸무게, 중량

What is the weight of this baggage?
이 짐의 무게는 얼마나 됩니까?

gain weight 몸무게가 늘다

529 **truth**
[truːθ 트루:쓰]
진실, 사실

I doubt the truth of the story.
그 이야기가 정말인지 아닌지 의심스럽다.

tell the truth 진실을 말하다

530 **photo**
[fóutou 포우토우]
사진

I'll take a photo of you.
네 사진을 찍어 줄게.

take her photo 그녀의 사진을 찍다

531 **alphabet**
[ǽlfəbèt 앨퍼벳]
알파벳

He is still to learn his alphabet.
그는 아직 알파벳(가나다)도 모른다.

the Roman alphabet 로마자

532 **trash**
[træʃ 트래시]
쓰레기, 휴지

I put the garbage in the trash can.
쓰레기는 휴지통에 버렸다.

throw away trash 쓰레기를 버리다

533 **poster**
[póustə*r* 포우스터ㄹ]
포스터; 벽보

The posters are fixed on every wall.
벽마다 포스터가 붙어 있다.

election posters 선거 벽보

534 **knowledge**
[nálidʒ 날리지]
지식

He has a good knowledge of English. 그는 영어를 잘 알고 있다.

his knowledge about science
과학에 관한 그녀의 지식

535 **prince**
[príns 프린스]
왕자

'The Little Prince' is very famous.
'어린 왕자'는 매우 유명하다.

a young prince 젊은 왕자

536 **princess**
[prínsis 프린시스]
공주

My friends say that I have a princess complex.
친구들이 나를 보고 공주병이라고 부른답니다.

the royal princesses 공주들

537 **flute**
[fluːt 플루:트]
플루트; 피리

Su-mi can play the flute.
수미는 플루트를 연주할 수 있다.

a flute player 플루트 연주자

538 **bone**
[boun 보운]
뼈

I was cold to the bone.
추위가 뼛속까지 스몄다.

a hard bone 딱딱한 뼈

539 **jewel**
[dʒúːəl 주:얼]
보석

This is a jewel box.
이것은 보석 상자이다.

a ring set with a jewel 보석 반지

540 **track**
[træk 트랙]
선로, (경기장의) 트랙

I got on the opposite side of the tracks.
반대편 지하철을 잘 못 탔다.

a long track 긴 트랙

541 **key**
[kíː 키ː]
열쇠

I lost the key yesterday.
나는 어제 열쇠를 잃어버렸다.

lose a key 열쇠를 잃다

542 **board**
[bɔːrd 보ː르드]
판자, 게시판

We put a picture on the board.
우리들은 게시판에 그림을 붙였다.

a thin board 얇은 판자

543 **toy**
[tɔi 토이]
장난감, 완구

He likes to play with toys.
그는 장난감을 가지고 노는 것을 좋아한다.

an educational toy 교육 완구

544 **brick**
[brik 브릭]
벽돌

Some walls are made of bricks.
어떤 벽은 벽돌로 되어 있다.

houses built of brick 벽돌집

545 **heaven**
[hévən 해번]
하늘, 천국

We see the stars in the heavens.
하늘에 별이 보인다.

my grandfather in heaven
하늘에 계신 할아버지

546 **tower**
[táuər 타워ㄹ]
타워; 탑

Have you ever visited the seoul tower?
서울타워에 가본 적 있니?

a tall tower 높은 탑

547 **view**

[vju: 뷰:]

전망, 경치

My room has a good view.
내 방은 전망이 좋다.

a wonderful view 멋진 전망

548 **rainbow**

[réinbòu 레인보우]

무지개

A rainbow has seven colors.
무지개는 일곱 빛깔이다.

a beautiful rainbow 아름다운 무지개

549 **weekend**

[wí:kènd 위:켄드]

주말

What are you going to do this weekend?
이번 주말에 뭘 할 거니?

a nice weekend 즐거운 주말

550 **ocean**

[óuʃən 오우션]

대양; 바다

We sailed the Indian Ocean.
우리들은 인도양을 항해하였다.

a blue ocean 푸른 바다

551 **sand**

[sænd 샌드]

모래

Children like to play with sand.
아이들은 모래를 가지고 놀기를 좋아한다.

a white sand 하얀 모래

552 **hut**

[hʌt 헛]

오두막

He lived alone in this hut.
그는 이 오두막집에서 혼자 살았다.

an old hut 오래된 오두막

553
storm
[stɔːrm 스토:ㄹ옴]
폭풍우

There was a storm last night.
간밤에는 폭풍우가 몰아쳤다.

a heavy storm 심한 폭풍우

554
earthquake
[ə́ːrθkwèik 어:쓰퀘익]
지진

We had an earthquake last night.
어젯밤에 지진이 있었다.

a big earthquake 대지진

555
disease
[dizíːz 디지:즈]
병, 질병

I had a skin disease.
피부병에 걸렸다.

a heart disease 심장병

556
meal
[miːl 미:일]
식사

I eat three meals a day.
나는 하루에 세 번 식사를 한다.

a delicious meal 맛있는 식사

557
supper
[sʌ́pər 서퍼ㄹ]
저녁식사

Supper is the last meal of the day.
저녁식사는 하루의 마지막 식사이다.

a late supper 늦은 저녁 식사

558
chalk
[tʃɔːk 초:크]
분필

Our teacher writes with chalk.
우리 선생님은 분필로 글을 쓰신다.

a white chalk 하얀 분필

559 **shadow**
[ʃǽdou 섀도우]
그림자

Our shadows are on the wall.
우리들의 그림자가 벽에 비치고 있다.

a black shadow 검은 그림자

560 **shape**
[ʃeip 쉐입]
꼴; 모양

The shape of a ball is round.
공의 모양은 둥글다.

a round shape 둥근 모양

561 **price**
[prais 프라이스]
가격, 값

What is the price of this book?
이 책의 값은 얼마입니까?

a high price 높은 가격

562 **suit**
[suːt 슈:트]
신사복

Father has on a new suit.
아버지는 새로 맞춘 신사복을 입고 계신다.

a business suit 신사복[숙녀복] 정장

563 **figure**
[fígjər 피기어ㄹ]
몸매

The secretary has a good figure.
그 비서는 몸매가 좋다.

a fine figure of a woman
여인의 아름다운 모습

564 **angel**
[éindʒəl 에인절]
천사

She is like an angel.
그녀는 천사 같다.

a cute angel 귀여운 천사

565 **exercise**
[éksərsàiz 엑서ㄹ사이즈]
운동, 연습

Swimming is a good exercise.
수영은 좋은 운동이다.

hard exercise 심한 연습

566 **fun**
[fʌn 펀]
재미있는 일

We had a lot of fun at the picnic.
우리는 소풍 가서 아주 재미있게 보냈다.

great fun 커다란 재미

567 **case**
[keis 케이스]
케이스; 상자, 경우, 사정

Grandpa put his glasses in a case.
할아버지께서는 안경을 안경집에 넣으셨다.

in this case 이 경우에는

568 **moment**
[móumənt 모우먼트]
잠시, 잠깐, 순간

Can I speak to you for a moment?
잠시만 얘기를 해도 되겠습니까?

for a moment 잠시, 잠깐 동안

569 **ribbon**
[ríbən 리번]
리본

I tied my hair with a ribbon.
머리를 리본으로 매었다.

a yellow ribbon 노란 리본

570 **crowd**
[kraud 크라우드]
군중, 다수

There were big crowds of people in the theater.
극장 안은 많은 군중으로 가득 차 있었다.

a large crowd 많은 군중

571
mirror
[mírər 미러ㄹ]
거울

She is looking in the mirror.
그녀는 거울을 들여다보고 있다.

a rear-view mirror (자동차의) 백미러

572
god
[gɑd 갇]
신, 하느님

Many people believe in God.
많은 사람들은 신을 믿는다.

the Son of God 하나님의 아들

573
midnight
[mídnàit 미드나잇]
한밤중

Everything is still at midnight.
한밤중에는 만물이 고요하다.

come home at midnight
한밤중에 집에 돌아오다

574
medicine
[médəsən 메더선]
약

I take medicine every day.
나는 매일 약을 먹고 있다

a medicine for a cold 감기약

575
fortune
[fɔ́:rtʃən 포:ㄹ천]
운, 행운

I had the good fortune to see it.
나는 운 좋게 그것을 보았다.

have good fortune 운이 좋다

576
note
[nout 노우트]
노트, 짧은 쪽지(기록)

My mother left a note on the table.
어머니는 탁자 위에 쪽지를 남겼다.

notes for a speech 연설 노트

PART 02

동사

577 **read**
[rí:d 리:드]
읽다

My brother is reading a book.
내 남동생은 책을 읽고 있다.

read a newspaper 신문을 읽다

578 **get**
[get 겟]
얻다, 손에 쥐다

He got first prize.
그는 1등상을 탔다.

get a victory 승리를 얻다

579 **see**
[si: 시:]
보다, 보이다

I want to see you.
나는 네가 보고 싶다.

see a beach 바닷가가 보이다

580 **use**
[ju:z 유:즈]
이용하다, 사용하다

May I use your knife?
당신의 칼을 사용해도 좋습니까?

use a computer 컴퓨터를 사용하다

581 **visit**
[vízit 비짓]
방문하다

I often visit him.
나는 그를 자주 방문한다.

visit in the country 시골을 방문하다

582 **sing**
[siŋ 싱]
노래하다

She is a singing a sing.
그녀는 노래를 부르고 있다.

sing a song 노래를 부르다

583
write
[rait 라잇]
쓰다

Write your name on the blackboard.
칠판에 네 이름을 써라.

write to letter 편지를 쓰다

584
hear
[hiər 히어ㄹ]
듣다, 들리다

We hear with our ears.
우리는 귀로 듣는다.

hear a voice 목소리가 들리다

585
feel
[fi:l 피:일]
느끼다, ~한 기분이 들다

I felt the house shake last night.
나는 어젯밤 집이 흔들리는 것을 느꼈다.

feel a pain 통증을 느끼다

586
reach
[ri:tʃ 리:치]
도착하다, 다다르다

The train reached Busan Station at noon.
기차는 정오에 부산역에 닿았다.

reach Seoul Station 서울역에 도착하다

587
speak
[spi:k 스피:크]
이야기하다, 말하다

Can you speak English?
영어를 말할 줄 아니?

speak clear(ly) 분명히 말하다

588
bring
[briŋ 브링]
가져오다, 데려오다

Can I bring Tom with me?
탐을 데려와도 되겠니?

bring umbrella 우산을 가져오다

589
go
[gou 고우]
가다, 나아가다

I go to school on foot.
나는 걸어서 학교에 간다.

go on a trip 여행을 가다

590
play
[plei 플레이]
놀다, 연주하다

My younger brother likes to play.
나의 남동생은 노는 것을 좋아한다.

play the piano 피아노를 치다

591
walk
[wɔːk 워:크]
걷다; 산책하다

I walk to school every day.
나는 매일 걸어서 학교에 다닌다.

walk to the school 학교까지 걷다

592
fly
[flai 플라이]
날다; 비행기로 가다

Birds fly through the sky.
새들이 하늘을 난다.

fly in the sky 하늘을 날다

593
arrive
[əráiv 어라이브]
도착하다, 다다르다

They arrived late.
그들은 늦게 도착했다.

arrive at a village 마을에 도착하다

594
look
[luk 룩]
보다

They looked at each other.
그들은 서로를 바라보았다.

look at the picture 그림을 보다

595
☐
☐
☐

listen

[lísən 리슨]

듣다, 경청하다

Mary likes to listen to music.
메리는 음악 듣는 것을 좋아한다.

listen to the band playing
악대가 연주하는 것을 듣다

596
☐
☐
☐

cry

[krai 크라이]

(소리 내어) 울다

Babies cry when they are hungry.
아기들은 배가 고프면 운다.

begin to cry 울기 시작하다

597
☐
☐
☐

shout

[ʃaut 샤우트]

외치다, 큰소리로 부르다

They shouted with joy.
그들은 기뻐서 소리를 질렀다.

shout my name 내 이름을 큰소리로 부르다

598
☐
☐
☐

smile

[smail 스마일]

미소 짓다

She is always smiling.
그녀는 항상 미소를 짓고 있다.

a smile at a baby 아이에게 미소 짓다

599
☐
☐
☐

sit

[sit 싯]

앉다

May I sit down?
앉아도 될까요?

sit on a chair 의자에 앉다

600
☐
☐
☐

knock

[nαk 낙]

두드리다, 노크하다

He knocked on the door.
그는 문에 노크했다.

knock on the door 문을 노크하다

601
come
[kʌm 컴]
오다

He will come tomorrow.
그는 내일 올 것이다.

come to see me 나를 만나러 오다

602
leave
[li:v 리:브]
떠나다

Come on, it's time we left.
자자, 우리 떠나야 할 시간이야.

leave home 집을 떠나다

603
run
[rʌn 런]
달리다

He can run faster than me.
그는 나보다 빨리 달릴 수 있다.

run 100 metes 100미터를 달리다

604
laugh
[læf 래프]
(소리를 내어) 웃다

They laughed merrily.
그들은 즐겁게 웃었다.

laugh heartily 실컷 웃다

605
ask
[æsk 애스크]
물어보다

May I ask a question?
질문을 해도 되겠습니까?

ask about me 나에 관해 묻다

606
say
[sei 세이]
말하다, 이야기하다

He says he is busy.
그는 바쁘다고 한다.

say about the TV program
텔레비전 프로그램에 대해서 말하다

607 **take**
[teik 테익]
획득하다, (버스 등을) 타다

He took the second prize.
그는 2등상을 탔다.

take a bus 버스를 타다

608 **have**
[hæv 해브]
가지고 있다, 먹다, 마시다

Do you have a pencil?
당신은 연필을 가지고 있습니까?

have a good breakfast
충분한 아침 식사를 하다

609 **put**
[put 풋]
놓다, 얹다

Did you put the book on the table? 네가 탁자 위에 책을 놓았니?

put a box on the desk
상자를 책상 위에 놓다

610 **thank**
[θæŋk 쌩크]
감사하다

Thank you very much for your kind invitation.
초대해 주셔서 대단히 감사합니다.

thank you 고맙습니다

611 **prefer**
[prifə́ːr 프리퍼:ㄹ]
더 좋아하다

I prefer autumn to spring.
나는 봄보다 가을을 더 좋아한다.

prefer coffee to tea
차보다 커피를 더 좋아하다

612 **invite**
[inváit 인바이트]
초대하다, 청하다

She invited her friends to the party
그녀는 친구들을 파티에 초대했다.

invite an opinion 의견을 구하다

613
☐☐☐
enjoy
[endʒɔ́i 엔조이]
즐기다, 좋아하다

Tom enjoys watching television.
탐은 텔레비전 보는 것을 좋아한다.

enjoy a game 게임을 즐기다

614
☐☐☐
want
[wɔnt 원트]
원하다

What do you want?
당신은 무엇을 원합니까?

want a digital camera
디지털 카메라를 원하다

615
☐☐☐
call
[kɔːl 코:올]
부르다, 전화를 걸다

The teacher called the names of the students.
선생님께서는 학생들의 이름을 부르셨다.

make a call 전화를 걸다

616
☐☐☐
forget
[fərgét 퍼ㄹ겟]
잊다, 생각이 나지 않다

I cannot forget it.
나는 그것을 잊을 수 없다.

forget a name 성함을 잊어버리다

617
☐☐☐
need
[niːd 니:드]
필요하다

I need your help
나는 너의 도움이 필요하다.

need to be more careful
좀 더 조심할 필요가 있다

618
☐☐☐
like
[laik 라이크]
좋아하다, 마음에 들다

I like dogs.
나는 개를 좋아한다.

like fruit 과일을 좋아하다

619 **worry**
[wə́:ri 워:리]
걱정하다, 걱정시키다

Don't worry.
걱정하지 마라.

worry about him 그에 대해서 걱정하다

620 **agree**
[əgríː 어그리:]
동의하다, 승낙하다

Jill agreed to Jack's proposal.
질은 잭의 제안에 동의했다.

agree to his plan 그의 계획에 동의하다

621 **choose**
[tʃuːz 추:즈]
뽑다, 고르다

At the library you can choose a book.
도서관에서 너는 책을 고를 수 있다.

choose a apple 사과를 고르다

622 **decide**
[disáid 디사이드]
결정하다, 결심하다

He decided to become a teacher.
그는 교사가 되기로 결심했다.

decide what to do
무엇을 해야 할지 결정하다

623 **hope**
[houp 호웁]
바라다, 희망하다

I hope to see you again.
나는 당신을 다시 만나 뵙기를 바랍니다.

hope to be a teacher
교사가 되기를 희망하다

624 **kick**
[kik 킥]
차다, 걷어차다

Kick this ball as hard as you can.
가능한 세게 공을 차라.

kick hard 냅다 걷어차다

625 **throw**
[θrou 쓰로우]
던지다

Throw the ball to me.
나에게 그 공을 던져라.

throw a fast ball 빠른 볼(속구)을 던지다

626 **build**
[bild 빌드]
세우다, 짓다

His dream is to build his own house.
그의 꿈은 자신의 집을 짓는 것이다.

build a house 집을 짓다

627 **kiss**
[kis 키스]
키스하다, 입맞추다

My aunt kissed me on the cheek.
아주머니는 나의 볼에 키스하셨다.

kiss on the lips 입술에 키스하다

628 **sell**
[sel 쎌]
팔다

They sell shirts and socks.
그들은 셔츠와 양말을 판다.

sell a car 자동차를 팔다

629 **turn**
[təːrn 터:ㄹ언]
돌리다, 돌다

Turn right at the end of the street.
길의 끝에서 오른쪽으로 돌아라.

turn a steering wheel 핸들을 돌리다

630 **begin**
[bigín 비긴]
시작하다

School begins at nine o'clock.
학교는 9시에 시작한다.

begin a test 테스트를 시작하다

631 **hold**
[hould 호울드]
손에 들다

He is holding a bat in his right hand.
그는 오른손에 배트를 들고 있다.

hold a arm 팔을 잡다

632 **touch**
[tʌtʃ 터치]
손대다, 만지다

Don't touch the paintings.
그림에 손대지 마라.

touch a bell 벨을 누르다

633 **cut**
[kʌt 컷]
베다, 깎다, 자르다

I cut my finger yesterday.
나는 어제 손가락을 베었다.

cut the apple with a knife
칼로 사과를 쪼개다

634 **drink**
[driŋk 드링크]
마시다

I want something to drink.
뭐 좀 마실 것이 있었으면 좋겠다.

drink a cup of coffee 커피를 한 잔 마시다

635 **love**
[lʌv 러브]
사랑하다; 좋아하다

A mother loves her baby very much.
어머니는 그녀의 아기를 매우 사랑한다.

love reading books 독서를 좋아하다

636 **answer**
[ǽnsər 앤서ㄹ]
대답하다

She answered my questions.
그녀는 내 질문에 대답했다.

answer a question 질문에 대답하다

637
realize
[rí:əlàiz 리:얼라이즈]
깨닫다, 알다

He realized what was right.
그는 무엇이 옳은가를 깨달았다.

realize a dream 꿈을 실현하다

638
tell
[tel 텔]
말하다

He told me the news.
그가 그 소식을 내게 말해 주었다.

tell a lie 거짓말을 하다

639
explain
[ikspléin 익스플레인]
설명하다, 명백하게 하다

She explained the meaning of the word.
그녀는 그 단어의 뜻을 설명하였다.

explain rules 규칙을 설명하다

640
introduce
[íntrədjú:s 인트러듀:스]
소개하다

May I introduce my sister to you?
제 누이동생을 소개해 드릴까요?

introduce my friend 내 친구를 소개하다

641
excuse
[ikskjú:z 익스큐:즈]
용서하다, 참아주다

He excused my fault.
그는 나의 잘못을 용서하였다.

excuse a fault 실수를 용서하다

642
finish
[fíniʃ 피니시]
끝내다, 완성하다

I have finished writing my letter.
나는 편지를 다 썼다.

finished my homework 숙제는 끝내다

643 **teach**
[tiːtʃ 티:치]
가르치다

Mr. Smith teaches English at our school. 스미스 선생님은 우리 학교에서 영어를 가르치신다.

teach history 역사를 가르치다

644 **collect**
[kəlékt 컬렉트]
모으다, 수집하다

I collected the old newspapers to recycle.
지난 신문들은 재활용하기 위해 모았다.

collect stamps 우표를 수집하다

645 **pay**
[pei 페이]
(돈을) 지불하다

We have to pay our taxes.
우리는 세금을 지불해야 한다.

pay a driver 운전사에게 돈을 치르다

646 **study**
[stʌ́di 스터디]
공부하다, 연구하다

He is studying English.
그는 영어를 공부하고 있다.

study one's lesson 학과를 공부하다

647 **make**
[meik 메이크]
만들다

The children are making a snowman.
아이들은 눈사람을 만들고 있다.

make a dress 드레스를 만들다

648 **cross**
[krɔːs 크로:스]
가로지르다, 건너다

Be careful when you cross the street.
길을 건널 때는 조심해라.

cross the street 길을 가로지르다(횡단하다)

649 **fill**
[fil 필]
채우다, 가득하게 하다

Su-mi filled the bottle with water.
수미는 그 병을 물로 채웠다.

fill a glass 잔을 채우다

650 **move**
[mu:v 무:브]
움직이다, 옮기다

Don't move.
움직이지 마라.

move the table 탁자를 옮기다

651 **hit**
[hit 히트]
치다, 때리다

He hit me on the head.
그는 내 머리를 때렸다.

hit a home run 홈런을 치다

652 **invent**
[invént 이벤트]
발명하다

The electric lamp was invented by Edison.
전등은 에디슨에 의하여 발명되었다.

invent a new device 새 장치를 발명하다

653 **spread**
[spred 스프레드]
펴다, 퍼지다

She spread the cloth on the table.
그녀는 테이블 위에 테이블보를 폈다.

spread a map 지도를 펴다

654 **develop**
[divéləp 디벨럽]
발달시키다, 발달하다

He developed his mind and body.
그는 심신을 발달시켰다.

develop muscles 근육을 발달시키다

655
☐ ☐ ☐
open
[óupən 오우펀]
열다

The shop opens at time o'clock
그 가게는 9시에 문을 연다.

open the door 문을 열다

656
☐ ☐ ☐
pass
[pæs 패스]
지나가다, 합격하다

I have to pass this way to go school.
나는 학교에 가기 위해 이 길을 지나가야 한다.

pass a test 테스트에 통과하다

657
☐ ☐ ☐
draw
[drɔː 드로ː]
(그림을) 그리다, 끌어당기다

Children draw pictures with crayons.
아이들은 크레용으로 그림을 그린다.

draw the curtain 커튼을 치다

658
☐ ☐ ☐
continue
[kəntínjuː 컨티뉴ː]
계속하다, 계속되다

The rain continued all day.
비는 종일 계속해서 내렸다.

continue the story 이야기를 계속하다

659
☐ ☐ ☐
work
[wəːrk 워ː르크]
일하다; 공부하다

They work very hard.
그들은 매우 열심히 일한다.

work on the farm 농장에서 일하다

660
☐ ☐ ☐
stop
[stɑp 스탑]
멈추다, 그만두다

They stopped fighting.
그들은 싸움을 멈추었다.

stop the work 일을 중단하다

661 **do**
[du: 두:]
하다, 행하다

We don't work on Sunday.
우리는 일요일에는 일하지 않는다.

do my homework 숙제를 하다

662 **stay**
[stei 스테이]
머물다, 체류하다

How long can you stay here?
너는 여기에 얼마나 오래 머물 수 있니?

stay at a hotel 호텔에 머무르다

663 **increase**
[inkríːs 인크리:스]
늘다, 늘리다

I increased in weight.
체중이 늘었다.

increase in number[power]
수[힘]가 증가하다

664 **sleep**
[sliːp 슬리:프]
자다

He sleeps eight hours every day.
그는 매일 8시간 잔다.

sleep well 잘 자다

665 **rise**
[raiz 라이즈]
(해, 달이) 뜨다

The sun rise in the east.
해는 동쪽에서 뜬다.

rise in the moon 달이 뜨다

666 **return**
[ritə́ːrn 리터:ㄹ언]
돌아오다, 돌아가다

My father returned from a long trip.
나의 아버지께서 긴 여행에서 돌아오셨다.

return home 집에 돌아가다(귀가하다)

667 **happen**
[hǽpən 해펀]
생기다, 일어나다

What has happened to my bicycle?
내 자전거에 무슨 일이 생겼니?

happen an accident 사고가 일어나다

668 **suppose**
[səpóuz 서포우즈]
추측하다, ~라고 생각하다

I suppose he will come soon.
나는 그가 곧 올 것이라고 생각한다.

I suppose you are right.
네가 옳을 거야.

669 **wake**
[weik 웨이크]
잠이 깨다, 깨우다

Wake me up at six, please.
여섯 시에 깨워 주십시오.

wake up early in the morning
아침 일찍 잠에서 깨다

670 **let**
[let 렛]
~하는 것을 허용하다

I will let you know about it.
그 일에 관해서 당신이 알게 해 드리겠습니다.

Let's play baseball.
야구하자

671 **become**
[bikʌ́m 비컴]
~이 되다

He became a scientist.
그는 과학자가 되었다.

become a doctor 의사가 되다

672 **grow**
[grou 그로우]
성장하다, 자라나다

Grass grew after the rain.
비가 온 후 잔디가 자랐다.

grow very quickly 매우 빨리 자라다

673 **remain**
[riméin 리메인]
남다, 머무르다

Nothing remains for me.
나에게는 아무 것도 남아 있지 않다.

remain at home 집에 남다

674 **stand**
[stænd 스탠드]
서다, 서 있다

He was standing by the gate.
그는 문 옆에 서 있었다.

stand still 가만히 서 있다

675 **talk**
[tɔːk 토:크]
이야기하다, 말하다

I want to talk to you.
나는 당신과 얘기를 하고 싶습니다.

talk too much 너무 말이 많다

676 **think**
[θíŋk 씽크]
생각하다, ~이라고 생각하다

Do you think it will rain?
비가 올 거라고 생각하니?

think carefully 신중히 생각하다

677 **believe**
[bilíːv 빌리:브]
믿다, 신용하다

I believe that he is honest.
나는 그가 정직하다고 믿는다.

believe his story 그의 이야기를 믿다

678 **fall**
[fɔːl 포:올]
떨어지다; (비 등이) 내리다

Snow is falling down from the sky.
하늘에서 눈이 내리고 있다.

fall to the ground 땅에 떨어지다

679 **lie**

[lai 라이]

눕다, 거짓말하다

I lay in bed all day long yesterday.
나는 어제 하루 종일 침대에 누워 있었다.

tell a big lie 새빨간 거짓말을 하다

680 **live**

[liv 리브]

살다, 거주하다

She lived to be ninety.
그녀는 90세까지 살았다.

live in an apartment 아파트에 살다

681 **wonder**

[wʌ́ndər 원더ㄹ]

궁금해 하다, 의아해 하다

I wonder what happened.
나는 무슨 일이 생겼는지 궁금하다.

wonder when she will come
그녀가 언제 올지 궁금하다

682 **plan**

[plæn 플랜]

계획하다, ~ 할 작정이다

At breakfast I planned my day.
아침을 먹으며 나는 하루를 계획했다.

plan a party 파티를 계획하다

683 **meet**

[mi:t 미:트]

만나다

I am glad to meet you.
만나 뵙게 되어 기쁩니다.

meet a friend a mine 내 친구를 만나다

684 **help**

[help 헬프]

돕다, 거들다

I will help you.
제가 도와드리겠습니다.

help a homework 숙제 도와주다

685 **know**
[nou 노우]
알고 있다, 알다

I don't know who he is.
나는 그가 누구인지 모른다.

know the fact 사실을 알다

686 **remember**
[rimémbər 리멤버ㄹ]
기억하다

I can't remember his name.
나는 그의 이름을 기억할 수 없다.

remember his name
그의 이름을 기억하다

687 **guess**
[ges 게스]
추측하다, 판단하다

I guess she is eight years old.
나는 그녀가 8살이라고 추측한다.

guess her age 그녀의 나이를 추측하다

688 **understand**
[ʌndərstǽnd 언더ㄹ스탠드]
이해하다, 알다

Do you understand?
이해하시겠습니까?

understand an explanation
선생님의 설명을 이해하다

689 **pardon**
[pá:rdn 파:ㄹ든]
용서하다

Pardon me for saying so.
그렇게 말한 것을 용서해 주십시오.

pardon his mistake 그의 잘못을 용서하다

690 **learn**
[lə:rn 러:ㄹ언]
배우다, 익히다

We are learning English.
우리는 영어를 배우고 있다.

learn how to skate 스케이팅을 배우다

691
hate
[heit 헤이트]
미워하다, 싫어하다

They hate each other.
그들은 서로 미워한다.

hate one's enemy 적을 미워하다

692
imagine
[imǽdʒin 이매진]
상상하다, ~ 라고 생각하다

I can't imagine who said such a thing.
그런 일을 누가 말했는지 상상할 수가 없다.

imagine the scene 그 장면을 상상하다

693
judge
[dʒʌdʒ 저지]
판단하다, 재판하다

Don't judge of a man by his appearance.
사람을 외모로 판단하지 마라.

to judge a case 사건을 재판하다

694
break
[breik 브레이크]
깨뜨리다, 깨지다

Who broke the window?
누가 창문을 깼지?

break one's leg 다리가 부러지다

695
eat
[iːt 이:트]
먹다

We eat rice every day.
우리는 매일 밥을 먹는다.

eat breakfast 아침을 먹다

696
drive
[draiv 드라이브]
운전하다

He drives a car.
그는 운전한다.

drive a taxi 택시를 운전하다

697 **buy**
[bai 바이]
사다, 구매하다

I bought a book yesterday.
나는 어제 책 한 권을 샀다.

buy a doll 인형을 사다

698 **wash**
[waʃ 와시]
씻다, 세탁하다, 빨다

Wash your hands.
손을 씻어라.

wash hands before eat
식사 전에 손을 씻다

699 **lose**
[lu:z 루:즈]
잃다, 길을 잃다, 헤매다

Don't lose your ticket.
표를 잃어버리지 마라.

be lost in the woods 숲 속에서 길을 잃다

700 **cook**
[kuk 쿡]
요리하다, 음식을 만들다

Mother is cooking in the kitchen.
어머니께서는 부엌에서 요리를 하고 계신다.

cook dinner 저녁을 짓다

701 **keep**
[ki:p 키:입]
지니다, (규칙을) 지키다

I keep my ring in the jewel box.
나는 나의 반지를 보석함에 보관한다.

keep one's promise 약속을 지키다

702 **show**
[ʃou 쇼우]
보여 주다

Show me the letter.
그 편지 좀 보여 줘.

show the picture 그림을 보여 주다

703
lend
[lend 렌드]
빌려 주다

Can you lend me your pen?
네 펜 좀 빌려 주겠니?

lend him some money
그에게 약간의 돈을 빌려 주다

704
give
[giv 기브]
주다, 공급하다

Can you give me that pencil?
그 연필을 나에게 줄 수 있겠니?

give her a watch 그녀에게 손목시계를 주다

705
wish
[wiʃ 위시]
바라다, 기원하다

I wish you a merry Christmas.
즐거운 성탄절이 되길 바랍니다.

wish to go home 집에 가고 싶다

706
wear
[wɛəːr 웨어ː르]
입다, 쓰다, 신다

He is wearing a new coat.
그는 새 외투를 입고 있다.

wear light clothes 가벼운[얇은] 옷을 입다

707
start
[staːrt 스타ː르트]
출발하다

She started for Seoul this morning.
그녀는 오늘 아침 서울을 향해 출발했다.

start to dance 춤을 추기 시작하다

708
carry
[kǽri 캐리]
나르다, 운반하다

I carry my books in my school bag.
나는 책들을 책가방에 갖고 다닌다.

carry a box 상자를 나르다

709
□
□
□

close
[klouz 클로우즈]
닫다, 끝나다

Close the door, please.
문을 닫아 주세요.

close the window 창문을 닫다

710
□
□
□

drop
[drɑp 드랍]
떨어지다, 떨어뜨리다

Apples drop to the ground.
사과는 땅으로 떨어진다.

drop the price 값이 떨어지다

711
□
□
□

beat
[bi:t 비:트]
(잇달아) 치다, 때리다

He is beating a drum.
그는 북을 치고 있다.

hit on the head 머리를 때리다

712
□
□
□

win
[win 윈]
이기다

He won the game.
그는 시합에서 이겼다.

win an election 선거에서 이기다

713
□
□
□

receive
[risí:v 리시:브]
받다

I received a letter from my friend.
나는 내 친구에게서 편지를 받았다.

receive a prize 상을 받다

714
□
□
□

shake
[ʃeik 쉐이크]
흔들다

If you shake the tree, the fruit will fall.
네가 나무를 흔들면, 과일이 떨어질 것이다.

shake a bottle 병을 흔들다

715
find
[faind 파인드]
찾아내다, 발견하다

I found the coin under the table.
나는 그 동전을 탁자 밑에서 찾았다.

find the book 책을 찾다

716
improve
[imprúːv 임프루:브]
개량하다, 개선하다

You must improve your reading.
너는 읽는 법을 개선해야 한다.

improve my English 영어를 향상시키다

717
wait
[weit 웨잇]
기다리다

We'll wait until tomorrow.
우리는 내일까지 기다릴 것입니다.

wait for the bus 버스를 기다리다

718
smell
[smel 스멜]
냄새가 나다, 냄새를 맡다

I smell smoke in the air.
공기 중에서 연기 냄새가 난다.

smell with one's noses 코로 냄새를 맡다

719
nod
[nɑd 낫]
(고개를) 끄덕이다

He nodded his head.
그는 그의 머리를 끄덕였다.

nod at my friend
친구에게 고개를 끄덕이다

720
ski
[skiː 스키:]
스키를 타다

They go skiing every winter.
그들은 해마다 겨울에는 스키를 타러 간다.

ski in a hill 언덕에서 스키를 타다

721 ☐☐☐
skate
[skeit 스케이트]
스케이트를 타다

I like to skate on the ice.
나는 얼음 위에서 스케이트 타는 것을 좋아한다.

skate on a lake 호수에서 스케이트를 타다

722 ☐☐☐
swim
[swim 스윔]
헤엄치다, 수영하다

I can swim to the other side of the river.
나는 강 건너까지 헤엄칠 수 있다.

swim in the sea 바다에서 헤엄치다

723 ☐☐☐
fight
[fait 파잇]
싸우다, 다투다

The two boys fight each other.
두 소년은 서로 싸운다.

fight the enemy 적과 싸우다

724 ☐☐☐
slide
[slaid 슬라이드]
미끄러지다, 얼음을 지치다

He slid across the ice.
그는 얼음판 위를 지치며 건너갔다.

slid on the ice 얼음 위에서 미끄러지다

725 ☐☐☐
dance
[dæns 댄스]
춤추다, 무용하다

They danced at the party.
그들은 파티에서 춤을 추었다.

dance to the music 음악에 맞춰 춤추다

726 ☐☐☐
rush
[rʌʃ 러쉬]
돌진하다, 달려들다

He rushed at me.
그는 나에게 달려들었다.

rush into the room 방으로 뛰어 들어가다

727
sail
[seil 세일]
배가 떠나다, 항해하다

They sailed across the Atlantic Ocean.
그들은 배를 타고 대서양을 건넜다.

sail the Pacific Ocean 태평양을 항해하다

728
prepare
[pripέər 프리페어ㄹ]
준비하다, 준비를 갖추다

Mother is preparing breakfast in the kitchen.
어머니가 부엌에서 아침밥을 짓고 계시다.

prepare for a trip 여행 준비를 하다

729
climb
[klaim 클라임]
오르다, 기어오르다

He has climbed the Alps.
그는 알프스 산에 오른 적이 있다.

climb a mountain 산을 오르다

730
ride
[raid 라이드]
(탈것을) 타다

Can you ride a bicycle?
너는 자전거를 탈 줄 아니?

ride on a train 기차를 타다

731
bake
[beik 베이크]
(오븐으로) 굽다

He is baking bread in the oven.
그는 오븐에 빵을 굽고 있다.

bake a bread 빵을 굽다

732
kill
[kil 킬]
죽이다

The cat killed a rat.
그 고양이가 쥐 한 마리를 죽였다.

kill an animal 동물을 죽이다

733 ▢▢▢ **shut**
[ʃʌt 셔트]
닫다, 닫히다, 덮다

He shut his mouth.
그는 입을 다물었다.

shut the door 문을 닫다

734 ▢▢▢ **cover**
[kʌ́vər 커버ㄹ]
덮다, 씌우다

The mountain was covered with snow. 그 산은 눈으로 덮였다.

cover a table with a tablecloth
탁자를 탁자보로 덮다

735 ▢▢▢ **add**
[æd 애드]
더하다, 보태다

If you add 2 to 8, you get 10.
8에다 2를 더하면, 10이 된다.

add some water 물을 약간 더하다

736 ▢▢▢ **burn**
[bəːrn 버:ㄹ언]
불타다, 불태우다

The coal is burning.
석탄이 타고 있다.

burn paper 종이를 태우다

737 ▢▢▢ **print**
[prínt 프린트]
인쇄하다

This book is clearly printed.
이 책은 선명하게 인쇄되어 있다.

print posters 포스터를 인쇄하다

738 ▢▢▢ **recycle**
[rìːsáikl 리:사이클]
~을 재생 이용하다

I collected the old newspapers to recycle.
지난 신문들은 재활용하기 위해 모았다.

recycle newspapers 신문지를 재활용하다

739

practice

[prǽktis 프랙티스]

연습하다

I practice at[on] the piano every day.
나는 매일 피아노를 연습하고 있다.

practice batting 타격 연습을 하다

740

paint

[peint 페인트]

(페인트로) 칠하다, 그리다

Do not paint the gate red.
대문을 빨간색으로 칠하지 마라.

paint a house 집을 그리다

741

catch

[kætʃ 캐치]

붙잡다, 붙들다, 잡다

They catch fish with a net.
그들은 그물로 물고기를 잡는다.

catch the ball 공을 잡다

742

chase

[tʃeis 체이스]

뒤쫓다, 추격하다

The dog chased the cat out of the garden.
개는 고양이를 정원에서 쫓아 버렸다.

chase a dog 개를 뒤쫓다

743

protect

[prətékt 프러텍트]

지키다, 보호하다

The strong should protect the weak.
강자는 약한 자를 보호해야 한다.

protect a child 아이를 보호하다

744

follow

[fálou 팔로우]

~을 뒤따라가다, ~에 따르다

Follow me if you want to go to the post office.
우체국에 가고 싶으면 나를 따라오너라.

follow the man 그 남자를 따라가다

745 ☐ ☐ ☐
breathe
[briːð 브리:쓰]
호흡하다

We can breathe fresh air in the country.
시골에서는 신선한 공기를 호흡할 수 있다.

breathe deeply 심호흡하다

746 ☐ ☐ ☐
save
[seiv 세이브]
구하다, 저축하다

They saved the boy from drowning.
그들은 그 소년이 익사하는 것을 구조하였다.

save money 돈을 저축하다

747 ☐ ☐ ☐
respect
[rispékt 리스펙트]
존경하다; 존중하다

Our teacher is respected by every pupil.
우리 선생님은 모든 학생의 존경을 받고 있다.

respect my parents 부모님을 존경하다

748 ☐ ☐ ☐
cheer
[tʃiər 치어ㄹ]
기운을 돋우다, 기운을 내다

I cheered our team on.
우리 팀을 응원했다.

cheer a sick person 환자의 기운을 돋구다

749 ☐ ☐ ☐
hurt
[həːrt 허:ㄹ트]
아프게 하다, 아프다

His arm was hurt by the fall.
그는 넘어져서 팔을 다쳤다.

hurt her feelings
그녀의 기분을 상하게 하다

750 ☐ ☐ ☐
tie
[tai 타이]
묶다; 매다

I tied my dog to the tree.
나는 개를 나무에 묶었다.

tie shoes 구두끈을 매다

751 **trust**
[trʌst 트러스트]
신뢰하다, 믿다

I can't trust him.
나는 그를 신뢰할 수가 없다.

trust her story 그녀의 말을 믿다

752 **borrow**
[bárou 바로우]
빌리다

May I borrow your book?
당신 책을 빌릴 수 있습니까?

borrow an umbrella 우산을 빌리다

753 **push**
[puʃ 푸쉬]
밀다, 밀고 나아가다

He pushed me suddenly.
그는 갑자기 나를 밀었다.

push at the back 뒤에서 밀다

754 **pull**
[pul 풀]
잡아당기다, 끌다

He pulled my hair.
그는 나의 머리를 잡아당겼다.

pull dog's tail 개의 꼬리를 잡아당기다

755 **ring**
[riŋ 링]
울다, 울리다

Did the telephone ring?
전화벨이 울렸습니까?

ring a bell 벨을 울리다

756 **hang**
[hæŋ 행]
걸다, 걸려 있다

Hang my coat on the hanger.
옷걸이에 제 코트 좀 걸어 주세요.

hang up a hat 모자를 걸다

757
shoot
[ʃuːt 슈:트]
쏘다, 사격하다

The hunter shot at the hare with his gun.
사냥꾼은 총으로 산토끼를 쏘았다.

shoot a gun 총을 쏘다

758
destroy
[distrɔ́i 디스트로이]
부수다, 파괴하다

Many houses were destroyed by the earthquake.
지진으로 많은 집이 파괴되었다.

destroy a building 건물을 부수다

759
discover
[diskʌ́vər 디스커버ㄹ]
발견하다, 알게 되다

Columbus discovered America.
콜럼버스는 아메리카를 발견하였다.

discover an island 섬을 발견하다

760
spend
[spend 스펜드]
소비하다, 쓰다

Do not spend all your money.
네 돈을 모두 쓰지 마라.

spend a lot of money on books
책에 돈을 많이 쓰다

761
mix
[miks 믹스]
섞이다, 혼합하다

Oil and water don't mix.
기름과 물은 섞이지 않는다.

mix wine with water 포도주를 물과 섞다

762
pick
[pik 피크]
따다, 꺾다

They picked all the apples.
그들이 모든 사과를 땄다.

pick flowers 꽃을 꺾다

763
produce
[prədjúːs 프러듀ː스]
생산하다, 제조하다

Much wool is produced in Australia.
많은 양털이 오스트레일리아에서 생산된다.

produce cars 자동차를 만들다

764
belong
[bilɔ́ːŋ 빌로ː옹]
속하다, ~의 소유이다

That dictionary belongs to me.
그 사전은 나의 것이다.

belong to this club
클럽에 속하다(회원이다)

765
complain
[kəmpléin 컴플레인]
불평하다, 호소하다

He is always complaining.
그는 언제나 불평을 한다.

complain about bad food
형편없는 음식에 대해 불평하다

766
relax
[rilǽks 릴렉스]
늦추다, 쉬다

I tried to stay relaxed.
긴장을 풀려고 노력했다.

relax a home 집에서 쉬다

767
bow
[bau 바우]
절하다, 머리를 숙이다

They bowed to the king.
그들은 왕에게 절을 하였다.

bow to my teacher
선생님께 머리를 숙이다

768
bark
[baːrk 바ː르크]
(개 등이) 짖다

The dog barked at the thief.
개는 도둑에게 짖어댔다

bark at a man 남자를 향해 짖다

769 **crash**
[kræʃ 크래쉬]
산산이 부서지다; 충돌하다

A motorcar crashed into another.
자동차가 다른 차와 충돌하였다.

crash into a tree 나무에 부딪쳐 쓰러지다

770 **count**
[kaunt 카운트]
세다, 계산하다

This little girl can count from one to fifty.
이 소녀는 1에서 50까지 셀 수 있다.

count to ten 10까지 세다

771 **appear**
[əpíər 어피어ㄹ]
나타나다; (티비 등에) 나오다

A rainbow appeared before us.
무지개가 우리들 앞에 나타났다.

appear on TV 텔레비전에 나오다

772 **hide**
[haid 하이드]
숨기다, 숨다

He hid his diary under the desk.
그는 그의 일기장을 책상 밑에 숨겼다.

hide behind a tree 나무 뒤에 숨다

773 **communicate**
[kəmjú:nəkèit 커뮤:너케이트]
연락하다, 의사소통하다

We communicated by letter.
우리는 편지로 연락했다.

communicate with each other
서로 연락을 취하다

774 **disappear**
[dìsəpíər 디서피어ㄹ]
보이지 않게 되다, 사라지다

The sun disappeared behind the clouds. 태양이 구름 뒤로 사라졌다.

disappear from one's view
시야에서 사라지다

775 **flow**
[flou 플로우]
(강, 눈물 등이) 흐르다

Water flows from the spring.
물이 그 샘에서 흐르고 있다.

flow into the sea 바다로 흐르다

776 **try**
[trai 트라이]
~하려고 하다, 시도하다

He tried to help me.
그는 나를 도우려고 했다.

try hard 열심히 일하다

777 **jump**
[dʒʌmp 점프]
뛰다, 뛰어오르다

The dog jumped over the fence.
그 개는 담을 뛰어넘었다.

jump into the sea 바다 속으로 뛰어들다

778 **hurry**
[hə́:ri 허:리]
서두르다, 황급히 가다

Hurry up, or you will be late.
서둘러라, 그렇지 않으면 늦을 것이다.

hurry home 집에 서둘러 가다

779 **blow**
[blou 블로우]
(바람이) 불다

It is blowing hard.
바람이 심하게 불고 있다.

blow hard 세게 불다

780 **sigh**
[sai 사이]
한숨쉬다, 탄식하다

He sighed with relief.
그는 안도의 한숨을 쉬었다.

sigh sadly 슬프게 한숨 쉬다

781
taste
[teist 테이스트]
맛이 나다, 맛을 보다

It tastes sweet.
이것은 맛이 달다.

taste the sauce 소스를 맛보다

782
seem
[siːm 시:임]
~인 것 같다, ~처럼 보이다

He seems very happy.
그는 매우 행복한 것 같다.

seem happy 행복해 보이다

783
die
[dai 다이]
죽다

He died ten years ago.
그는 십 년 전에 죽었다.

die young 젊어서 죽다

784
succeed
[səksíːd 석시:드]
성공하다

He succeeded in the examination.
그는 그 시험에 성공하였다.

succeed in business 사업에 성공하다

785
marry
[mǽri 매리]
결혼하다, 결혼시키다

They got married last April.
그들은 지난 4월에 결혼했다.

marry a beautiful lady
아름다운 여성과 결혼하다

786
shine
[ʃain 샤인]
비치다, 빛나다

The sun is shining bright.
해가 밝게 빛나고 있다.

shine at night 밤에 빛나다

787 **join**
[dʒɔin 조인]
연결하다, 가입하다

He joined the two points with a straight line.
그는 두 점을 직선으로 연결하였다.

join a club 클럽에 가입하다

788 **share**
[ʃεəːr 세어:ㄹ]
분배하다, 공유하다

Tom shared the candy with his brother.
탐은 동생과 그 사탕을 나누어 가졌다.

share the cake 케이크를 나눠 갖다

789 **copy**
[kápi 카피]
베끼다, 복사하다

He copied the book from beginning to end.
그는 그 책을 처음부터 끝까지 베꼈다.

copy the book 책을 베끼다

790 **repeat**
[ripíːt 리피:트]
되풀이하다, 반복하다

Don't repeat such an error.
그런 잘못을 되풀이하지 마라.

repeat news 뉴스를 반복하다

791 **fail**
[feil 페일]
실패하다

He failed in the entrance examination.
그는 입학시험에 떨어졌다.

fail an exam 시험에 실패하다

792 **change**
[tʃeindʒ 체인지]
바꾸다, 바뀌다

He changed his mind.
그는 마음을 바꾸었다.

change the rules 규칙을 바꾸다

793
measure
[méʒəːr 메저ː르]
재다, 측정하다

He measured the height of Mt. Everest.
그는 에베레스트 산의 높이를 쟀다.

measure the size 사이즈를 재다

794
miss
[mis 미스]
놓치다

I arrived too late and missed the train.
나는 너무 늦게 도착해서 기차를 놓쳤다.

miss the chance 기회를 놓치다

795
exchange
[ikstʃéindʒ 익스체인지]
교환하다, 바꾸다

Won't you exchange this record for that one?
이 레코드를 저것과 바꿔주시지 않겠어요?

exchange presents 선물을 교환하다

796
enter
[éntər 엔터ㄹ]
들어가다, 입학하다

We entered the house through the front door.
우리는 정문을 통해 그 집에 들어갔다.

enter the room 방으로 들어가다

797
report
[ripɔ́ːrt 리포ː르트]
보고하다, 알리다

The soldier reported on the accident.
그 병사는 그 사건을 보고했다.

report news 뉴스를 보도하다

798
cost
[kɔst 코스트]
(비용이) 들다

How much does it cost?
그것은 비용이 얼마나 듭니까?

cost much money 많은 돈이 들다

799 **notice**
[nóutis 노우티스]
알아차리다, 주의하다

I noticed a man sitting by me.
나는 내 옆에 앉아 있는 사람을 알아차렸다.

notice a mistake 잘못을 알아차리다

800 **control**
[kəntróul 컨트로울]
지배하다, 관리하다

I could not control my tears.
나는 눈물을 억제할 수가 없었다.

control a country 나라를 다스리다

801 **spell**
[spel 스펠]
철자하다, ~의 철자를 쓰다

How do you spell this word?
이 낱말은 어떻게 철자합니까?

spell his name 그의 이름의 철자를 쓰다

802 **support**
[səpɔ́:rt 써포:ㄹ트]
지탱하다, 지지하다

Father supports Tom's plan.
아버지는 탐의 계획을 지지하고 있다.

support her ideas 그녀의 생각을 지지하다

803 **express**
[iksprés 익스프레스]
나타내다, (감정을) 표현하다

We express our feelings by words.
우리는 감정을 말로 나타낸다.

express regret 유감의 뜻을 나타내다

804 **waste**
[weist 웨이스트]
낭비하다, 소비하다

It's just waste of money.
그건 돈 낭비일 뿐입니다.

waste time 시간을 허비하다

805
record
[rikɔ́ːrd 리코ː르드]
기록하다; 녹음(화)하다

He record the movie.
그는 그 영화를 녹화했다.

record a song 노래를 녹음하다

806
send
[send 센드]
보내다

I shall send her some money.
나는 그녀에게 약간의 돈을 보낼 것이다.

send him a card 그에게 카드를 보내다

807
offer
[ɔ́ːfər 오ː퍼ㄹ]
제공하다, 내놓다, 권하다

He offered his father a glass of beer.
그는 아버지께 맥주 한 잔을 권했다.

offer her a job 그녀에게 일을 제공하다

808
order
[ɔ́ːrdər 오ː르더ㄹ]
명령하다, 주문하다

I ordered two cups of coffee.
나는 커피 두 잔을 주문했다.

order him to go out
그에게 나가라고 명령하다

809
promise
[prámis 프라미스]
약속하다

He promised to come without fail.
그는 꼭 오겠다고 약속했다.

promise one's help 조력을 약속하다

810
set
[set 셋]
놓다, 두다

I set a vase on the table.
나는 탁자 위에 꽃병을 놓았다.

set down the load 짐을 내려놓다

811 **lay**
[lei 레이]
가로놓다; 놓다

He laid a pencil on the book.
그는 연필을 책 위에 놓았다.

lay a baby on the bed
아이를 침대에 눕히다

812 **fix**
[fiks 픽스]
고정하다

The mirror is fixed to the wall.
거울이 벽에 고정되어 있다.

fix a clock to the wall 벽에 시계를 걸다

813 **bite**
[bait 바이트]
물다, 물어뜯다

A dog bit him in the leg.
개가 그의 다리를 물었다.

bite him in the hand 그의 손을 깨물다

814 **lead**
[li:d 리:드]
이끌다, 안내하다

She led me upstairs.
그녀는 나를 2층으로 안내했다.

lead her into the room
그녀를 방으로 안내하다

815 **guide**
[gaid 가이드]
인도하다, 안내하다

His dog will guide you to his house.
그의 개는 당신을 그의 집으로 안내할 것입니다.

guide sightseers 관광객을 안내하다

816 **surprise**
[sərpráiz 서ㄹ프라이즈]
놀라게 하다

Tom is going to surprise Jim.
탐은 짐을 놀래 주려고 하고 있다.

be surprised at the news
그 소식을 듣고 놀라다

817
born
[bɔːrn 보ː르온]
태어나다

A baby was born yesterday.
아기가 어제 태어났다.

be born in Seoul 서울에서 태어나다

818
mean
[miːn 미ː인]
~을 뜻(의미)하다

What do you mean by this word?
이 말은 무슨 뜻입니까?

What does it mean?
그건 무엇을 뜻합니까?

819
accept
[æksépt 액셉트]
받아들이다, 응하다

I accepted his invitation.
나는 그의 초대를 받아들였다.

accept an invitation 초대에 응하다

820
admire
[ədmáiər 어드마이어ㄹ]
칭찬하다, 감탄하다

He admired the girl for her courage. 그는 그 소녀의 용기를 칭찬하였다.

admire the beautiful scenery
아름다운 경치에 감탄하다

821
advise
[ədváiz 어드바이즈]
충고하다, 조언하다

I advised him not to go.
그에게 가지 말라고 충고하였다.

advise (a person) to study hard
공부 잘하라고 타이르다

822
allow
[əláu 어라우]
허락하다

I allowed her to go.
나는 그녀를 가게 하였다.

allow an hour for rest
휴식을 1시간 주다

823
☐ **amuse**
☐ [əmjú:z 어뮤:즈]
☐ 즐겁게 하다, 재미나게 하다

The children are amused by the new toys.
아이들은 새 장난감에 즐거워하고 있다.

amuse family 가족을 즐겁게하다

824
☐ **approach**
☐ [əpróutʃ 어프로우치]
☐ ~에 가까이 가다, ~에 가깝다

My birthday is approaching.
내 생일이 다가온다.

approach the moon 달에 접근하다

825
☐ **attack**
☐ [ətǽk 어택]
☐ 공격하다

The dog attacked the cat.
개가 고양이에게 덤벼들었다.

be attacked on every side
사방에서 공격을 받다

826
☐ **awake**
☐ [əwéik 어웨익]
☐ 눈을 뜨다, 깨닫다

I awoke from a deep sleep.
나는 깊은 잠에서 깨어났다.

awake to a danger 위험을 깨닫다

827
☐ **beg**
☐ [beg 백]
☐ 청하다, 구하다

I beg your pardon.
실례했습니다.

beg from door to door
집집마다 구걸하고 다니다

828
☐ **bend**
☐ [bend 벤드]
☐ 구부러지다, 구부리다

She bent to kiss the child on the cheek.
그녀는 아이의 뺨에 키스하려고 몸을 구부렸다.

bend oneself forward 몸을 구부리다

829
bleed
[bliːd 블리:드]
출혈하다, 피가 나다

The gums bleed.
잇몸에서 피가 나다.

bleed at the nose 코피가 나다

830
boil
[bɔil 보일]
끓다, 끓이다

The water is boiling.
물이 끓고 있다.

water boils hard 물이 팔팔 끓다

831
bury
[béri 베리]
파묻다, 매장하다

The path was buried under the snow.
길이 눈에 묻혀 버렸다.

be buried under snow 눈에 파묻히다

832
carve
[kɑːrv 카:르브]
~에 조각하다, 새겨 넣다

They carved their names on the wall. 그들은 자기들의 이름을 벽에 새겼다.

carve a figure out of stone
돌을 조각하여 상을 만들다

833
catch
[kætʃ 캐치]
붙들다, 잡다

He caught the ball.
그는 그 공을 잡았다.

catch a ball 공을 받다

834
celebrate
[séləbrèit 셀러브레이트]
축하하다, (의식을) 거행하다

We celebrated her birthday.
우리는 그녀의 생일을 축하했다.

celebrate the New Year 신년을 축하하다

835

choose

[tʃuːz 추:즈]

뽑다, 고르다

Choose the best one in the basket.
바구니 안에서 제일 좋은 것을 고르시오.

make a bad choice 잘못 고르다

836

deliver

[dilívər 딜리버ㄹ]

배달하다

The letter was delivered at the wrong address.
그 편지는 엉뚱한 주소로 배달되었다.

deliver a package 소포를 배달하다

837

depend

[dipénd 디펜드]

의지하다, ~에 의하다

It depends on the weather.
그것은 날씨 여하에 달려 있다.

depend on a person 남에게 의지하다

838

dig

[dig 디그]

파다, 파내다

He is digging the garden.
그는 뜰을 일구고 있다.

dig a hole 구멍을 파다

839

disappoint

[dìsəpɔ́int 디서포인트]

실망시키다

I was disappointed to hear that.
나는 그것을 듣고 실망하였다.

be disappointed of one's purpose
기대가 어긋나다

840

discuss

[diskʌ́s 디스커스]

논하다, 논의하다, 토의하다

They discussed the best way of going to Europe. 그들은 유럽에 가는 가장 좋은 방법에 대해 논의하였다.

discuss the matter 그 문제에 대해 토의하다

841
earn
[əːrn 어:ㄹ언]
(돈을) 벌다, 일해서 얻다

We earn five thousand won a day.
우리는 하루에 5,000원 번다.

earn dollars 달러를 벌다

842
encourage
[enkə́ːridʒ 엔커:리지]
~에게 용기를 주다

He encouraged me to learn English.
그는 내게 영어를 배우도록 용기를 주었다.

encourage savings 저축을 장려하다

843
feed
[fiːd 피:드]
먹이(음식)를 주다; 양육하다

He is feeding the chickens.
그는 병아리에게 모이를 주고 있다.

feed a family 가족을 부양하다

844
freeze
[friːz 프리:즈]
얼리다, 얼다

Freeze this meat in the freezer compartment.
고기를 냉동 칸에 넣어 얼려라.

freeze to death 얼어 죽다

845
frighten
[fráitn 프라이튼]
놀라게 하다, 무섭게 하다

I frightened her in the dark.
나는 어둠 속에서 그녀를 놀라게 하였다.

frighten a cat away
고양이를 놀라게 하여 쫓다

846
frown
[fraun 프라운]
눈살을 찌푸리다

He frowned at me.
그는 눈살을 찌푸리고 나를 보았다.

wear a deep frown
매우 불쾌한 얼굴을 하고 있다

847
☐
☐
☐
fry
[frai 프라이]
기름에 튀기다, 프라이하다

This fried king salmon is excellent.
이 튀김 연어는 일품이군요.

fry fish in oil 생선을 기름에 튀기다

848
☐
☐
☐
gather
[gǽðər 개더ㄹ]
모으다, 모이다

She is gathering flowers.
그녀는 꽃을 따서 모으고 있다.

gather together 모으다

849
☐
☐
☐
graduate
[grǽʤuèit 그래쥬에잇]
졸업하다

He graduated from Harvard.
그는 하버드 대학을 졸업하였다.

graduate first on the list
수석으로 졸업하다

850
☐
☐
☐
greet
[gri:t 그리:트]
인사하다, 환영하다

They greeted me with a smile.
그들은 미소로서 나를 환영했다.

greet a person with a handshake
악수로 사람을 맞이하다

851
☐
☐
☐
hike
[haik 하이크]
하이킹하다

In the mountains, I can hike.
산에선 하이킹을 할 수 있다.

go on a hike 도보 여행을 하다

852
☐
☐
☐
hunt
[hʌnt 헌트]
사냥하다

They hunted foxes.
그들은 여우 사냥을 하였다.

go on a hunt 사냥하러 가다

853 **impress**
[imprés 임프레스]
인상을 주다, 감동시키다

The story impressed me very much.
그 이야기는 나에게 무척 감동을 주었다.

impress favorably 좋은 인상을 주다

854 **include**
[inklú:d 인클루:드]
포함하다, 넣다

The class includes several foreign students.
그 학급은 몇몇의 외국인 학생을 포함하고 있다.

all charges included 모든 요금을 포함하여

855 **injure**
[índʒər 인저ㄹ]
상처를 입히다

His hand was badly injured.
그의 손은 심한 상처를 입었다.

injure a friend's feelings
친구의 감정을 상하게 하다

856 **insist**
[insíst 인시스트]
주장하다, 강조하다

Mom always insists that we keep our rooms tidy. 어머니는 항상 우리에게 방을 깨끗하게 유지할 것을 강조하신다.

insist on one's rights 권리를 주장하다

857 **lean**
[li:n 리:인]
기대다, 의지하다

We lean on our parents when we are children.
우리는 어릴 때 부모님께 의지한다.

lean against a wall 벽에 기대다

858 **obey**
[oubéi 오우베이]
(명령 등에) ~에 따르다

We must obey the law.
우리들은 법을 따라야 한다.

obey the laws of nature
자연의 법칙을 따르다

859 ☐☐☐

pay

[pei 페이]

(돈을) 지불하다

I paid two dollars for the cakes.
나는 2달러를 주고 그 케이크를 샀다.

pay in full 전액을 지불하다

860 ☐☐☐

pat

[pæt 팻]

가볍게 두드리다, 쓰다듬다

I patted the kitten.
나는 고양이를 쓰다듬었다.

pat a dog 개를 쓰다듬다

861 ☐☐☐

perform

[pərfɔ́ːrm 퍼퍼:ㄹ엄]

행하다, 하다

He has performed all his duties.
그는 그의 의무를 다했다.

perform a ceremony 의식을 거행하다

862 ☐☐☐

polish

[póliʃ 폴리쉬]

닦다, 윤내다

Polish your shoes before going out.
외출 전에 구두를 닦으렴.

polish one's shoes 구두를 닦다

863 ☐☐☐

pollute

[pəlúːt 펄루:트]

더럽히다, 오염시키다

He polluted the heart!
그는 심장을 더럽힌 거야!

pollute young people
젊은이들을 타락시키다

864 ☐☐☐

pop

[pɑp 팝]

뻥하고 터지다

The balloon popped.
풍선이 팡 터졌다.

pop the cork 코르크 마개를 펑 하고 뽑다

865
pour
[pɔːr 퍼:ㄹ]
따르다, 붓다

When you pour the hot tea, be careful! 뜨거운 차를 부을 때는 조심하렴.

pour water into a bucket
양동이에 물을 붓다

866
pretend
[priténd 프리텐드]
~하는 체하다

She pretended not to know me.
그녀는 나를 모르는 체했다.

pretend to know 아는 체하다

867
provide
[prəváid 프러바이드]
주다, 공급하다

Bees provide with honey.
꿀벌들은 우리에게 꿀을 준다.

provide a topic for discussion
토론의 제목을 제공하다

868
publish
[pʌ́bliʃ 퍼블리쉬]
발표하다, 출판하다

He published the news.
그는 그 뉴스를 발표했다.

publish the news 소식을 알리다

869
punish
[pʌ́niʃ 퍼니쉬]
벌주다, 징계하다

He was punished for being late. 그는 지각해서 벌을 받았다.

be punished for stealing
도둑질하여 벌을 받다

870
raise
[reiz 레이즈]
올리다

Raise your right hand when you understand. 알면 오른손을 드세요.

raise water from a well
우물에서 물을 길어 올리다

871
recognize
[rékəgnàiz 레커그나이즈]
~을 알아보다

I recognized him immediately.
나는 즉시 그를 알아보았다.

fail to recognize a friend
친구를 몰라보다

872
refuse
[rifjú:z 리퓨:즈]
거절하다, 거부하다

I refused her gift.
나는 그녀의 선물을 거절했다.

refuse a bribe 단호히 뇌물을 거절하다

873
repair
[ripέər 리페어ㄹ]
수선하다, 손질하다

They are repairing the roof now.
그들은 지금 지붕을 고치고 있다.

repair a motor 모터를 수리하다

874
reply
[riplái 리플라이]
대답하다

She replied to my letter.
그녀는 내 편지에 답장을 주었다.

reply to a letter 편지에 답장을 쓰다

875
retire
[ritáiə:r 리타이어:ㄹ]
물러가다; 은퇴하다

He retired to the country.
그는 시골로 은둔하였다.

retire before the enemy
적 앞에서 퇴각하다

876
roll
[roul 로울]
굴리다

The children rolled the snowball down the hill.
아이들은 언덕 아래로 눈덩이를 굴렸다.

roll a ball 공을 굴리다

877 **rub**
[rʌb 러브]
비비다, 스치다

He rubbed his hands with soap.
그는 비누를 손에 문질렀다.

rub one's eyes 눈을 비비다

878 **satisfy**
[sǽtisfai 새티스파이]
만족시키다

The meal satisfied him.
그는 그 식사에 만족했다.

satisfy one's hunger 공복을 채우다

879 **scare**
[skɛər 스케어ㄹ]
놀라게 하다, 겁나게 하다

You scared me.
너는 나를 놀라게 했다(너 때문에 놀랐어).

a scare story 겁나게 하는 이야기

880 **scold**
[skould 스코울드]
꾸짖다

He scolded me for being late.
그는 내가 지각한 것을 꾸짖었다.

scold at each other 서로 욕지거리하다

881 **search**
[səːrtʃ 서ː ㄹ치]
찾다, 수색하다

He searched the woods for the missing dog.
그는 잃어버린 개를 찾아 숲 속을 뒤졌다.

search a house 가택 수색하다

882 **serve**
[səːrv 서ː ㄹ브]
~에 도움이 되다

I am happy if I can serve you.
내가 도움이 될 수 있다면 기쁘겠다.

serve at table 식사 시중을 들다

883
sink
[siŋk 싱크]
가라앉다

If you throw a stone into a pond, it will sink.
돌을 못에 던지면 가라앉는다.

sink under water 물에 잠기다

884
solve
[sɑlv 살브]
풀다, 해결하다

Nobody was able to solve the problem.
누구도 그 문제를 풀 수 없었다.

solve a problem 문제를 풀다

885
steal
[stiːl 스티:일]
훔치다

Someone stole my money.
누군가가 내 돈을 훔쳐갔다.

steal away all the money
돈을 몽땅 훔쳐 가다

886
stretch
[stretʃ 스트레치]
퍼지다, 뻗치다

The player stretched out his arms to catch the ball.
그 선수는 공을 잡으려고 팔을 뻗쳤다.

stretch out on a bed 침대에 쭉 펴고 눕다

887
strike
[straik 스트라이크]
치다, 부딪치다

Tom struck the ball with the bat.
톰은 배트로 공을 쳤다.

strike a child 아이를 때리다

888
suffer
[sʌ́fər 서퍼ㄹ]
고통을 받다

I often suffer from a bad stomachache.
나는 가끔 심한 위통으로 고통을 받는다.

suffer with a cold 감기에 걸리다

889
swallow
[swálou 스왈로우]
(음식물 따위를) 삼키다

He swallowed his food quickly.
그는 재빠르게 음식을 삼켜 버렸다.

take a swallow of water
물을 한 모금 마시다

890
unite
[ju:náit 유:나이트]
결합시키다, 하나로 하다

He united the two pipes.
그는 두 개의 파이프를 연결하였다.

unite into one 합쳐서 하나가 되다

891
whisper
[*h*wíspə*r* 위스퍼ㄹ]
속삭이다

She is whispering the secret to her friend.
그녀는 그녀 친구에게 비밀을 속삭이고 있다.

whisper in a person's ear 남에게 귀띔하다

892
wrap
[ræp 랩]
싸다, 두르다

She wrapped the box carefully.
그녀는 상자를 조심스럽게 쌌다.

wrap the baby in a towel
아기를 타월로 감싸다

893
broadcast
[brɔ́:dkæ̀st 브로:드캐스트]
방송[방영]하다

The concert will be broadcast live tomorrow evening.
그 콘서트는 내일 저녁에 생방송된다.

broadcast live 실황 방송을 하다

894
calculate
[kǽlkjəlèit 캘커레잇]
계산하다

This formula is used to calculate the area of a circle.
이 공식은 원의 면적을 계산하는 데 쓰인다.

calculate wrongly 계산 착오를 하다

895 ☐ ☐ ☐

comb

[koum 코움]

빗질하다

Don't forget to comb your hair!
너 잊지 말고 머리 빗어!

comb one's hair 머리를 빗다

896 ☐ ☐ ☐

doubt

[daut 다웃]

의심하다

I doubt whether he is honest.
그가 정직한지 의심스럽다.

doubt a person's honesty
남의 성실성을 의심하다

897 ☐ ☐ ☐

pound

[pund 펀드]

탕탕 치다

Carpenters use a hammer to pound nails.
목수들은 못을 박을 때 망치를 사용한다.

pound rice in a mortar 절구에 쌀을 찧다

898 ☐ ☐ ☐

lift

[lift 리프트]

들어 올리다

Peter tried to lift a chair.
피터는 의자를 들려고 시도해 보았어요.

lift one's head up 고개를 쳐들다

899 ☐ ☐ ☐

quit

[kwit 퀴트]

그치다, 그만두다

If you want to quit, quit right now.
그만두고 싶으면 당장 그만둬.

quit one's studies 공부를 집어치우다

900 ☐ ☐ ☐

wink

[wiŋk 윙크]

눈을 깜박이다, 윙크하다

She winked at him.
그녀는 그에게 윙크를 했다

wink one's eye(s) 눈을 깜박이다

PART 03

형용사

901 **little**
[lítl 리틀]
작은, 나이 어린

They lived in a little town.
그들은 작은 마을에 살았다.

a little girl 나이 어린 소녀

902 **few**
[fjuː 퓨:]
거의 없는, 조금 있는

Few people believe in ghosts.
유령을 믿는 사람은 거의 없다.

a few apples 적은 사과

903 **many**
[méni 메니]
(수가) 많은

He has many books.
그는 많은 책을 가지고 있다.

many friends 많은 친구들

904 **much**
[mʌtʃ 머치]
(양이) 많은

There is not much wine in the bottle.
병에 포도주가 많지는 않다.

much rain 많은 비

905 **more**
[mɔːr 모:ㄹ]
(수가) 보다 더 많은

She has more candy than he.
그녀가 그보다 캔디를 더 많이 가지고 있다.

more money 더 많은 돈

906 **most**
[moust 모우스트]
대부분의

Most shops are closed today.
대부분의 가게가 오늘 문을 닫았다.

most people 대부분의 사람들

907
□
□
□
both
[bouθ 보우쓰]
양쪽의, 둘 다

Both of them like swimming.
그들은 둘 다 수영하기를 좋아한다.

both countries 두 나라

908
□
□
□
some
[sʌm 섬]
약간의, 몇 개의

I have some books.
나는 몇 권의 책을 가지고 있다.

some apples 몇 개의 사과

909
□
□
□
other
[ʌ́ðər 어더ㄹ]
다른, 그 밖의

Do you have any other questions?
다른 질문이 있습니까?

other day 다른 날

910
□
□
□
another
[ənʌ́ðər 어너더ㄹ]
또 하나의, 다른

There is another bus.
또 한대의 버스가 있다.

another cap 다른 모자

911
□
□
□
all
[ɔːl 오:올]
모든, 전부의

All her dresses are new.
그녀의 모든 드레스는 새 것이다.

all boys 모든 소년

912
□
□
□
every
[évriː 에브리:]
모든, 온갖, 매~

Every player did his best.
모든 선수들은 최선을 다했다.

once every four years 4년마다 한 번씩

913
each
[iːtʃ 이:치]
각각의, 각자의

There are windows on each side of a car.
차의 양쪽에는 창문들이 있다.

each team 각각의 팀

914
only
[óunli 오운리]
단 하나의, 단 한 사람의

You are the only boy that I can believe.
내가 믿을 수 있는 소년은 너 하나뿐이다.

the only student 단 한 명의 학생

915
several
[sévərəl 세버럴]
몇 개의, 여럿의

He has several shirts.
그는 몇 벌의 셔츠가 있다.

several fish 몇 마리의 물고기

916
dark
[dɑːrk 다:ㄹ크]
어두운, (색이) 짙은

It is getting dark.
어두워지고 있다.

a dark night 어두운 밤

917
clear
[kliər 클리어ㄹ]
맑은, 맑게 갠

The water in the pond is very clear.
연못의 물은 매우 맑다.

a clear sky 맑은 하늘

918
early
[ə́ːrli 어:ㄹ리]
(시간적으로) 이른, 초기의

He is an early riser.
그는 일찍 일어난다.

an early lunch 이른 점심

919
good
[gud 굳]
좋은, 착한

Did you have a good time?
너는 좋은 시간을 보냈니?

a good dictionary 좋은 사전

920
bad
[bæd 배드]
나쁜, (병이) 심한

It is bad weather.
날씨가 나쁘다.

a bad cold 심한 감기

921
old
[ould 오울드]
늙은, 낡은

She is an old friend of mine.
그녀는 나의 오랜 친구이다.

an old coat 헌옷

922
new
[nju: 뉴:]
새로운, 새 것의

Mother bought me new shoes.
어머니는 나에게 새 신발을 사 주셨다.

a new address 새로운 주소

923
beautiful
[bjú:təfəl 뷰:터펄]
아름다운

The rose is a beautiful flower.
장미는 아름다운 꽃이다.

a beautiful girl. 예쁜[아름다운] 소녀

924
wonderful
[wʌ́ndərfəl 원더ㄹ펄]
훌륭한, 멋진

We are having a wonderful time.
우리는 아주 멋진 시간을 보내고 있습니다.

a wonderful story 놀라운 이야기

925 **young**
[[jʌŋ 영]
젊은, 어린

He looks young.
그는 젊어 보인다.

a young gentleman 젊은 신사

926 **pretty**
[príti 프리티]
예쁜, 귀여운

Mother made me a pretty dress.
어머니께서는 나에게 예쁜 드레스를 만들어 주셨다.

a pretty doll 예쁜 인형

927 **nice**
[nais 나이스]
멋진, 좋은

She is a nice woman.
그녀는 좋은 여자다.

a nice song 멋진 노래

928 **cute**
[kjuːt 큐:트]
귀여운, 예쁜

The puppy is very cute.
그 강아지는 매우 귀엽다.

a cute baby 귀여운 아이

929 **lovely**
[lʌ́vli 러블리]
사랑스러운, 귀여운

She is a lovely girl.
그녀는 사랑스러운 소녀이다.

a lovely child 귀여운 아이

930 **important**
[impɔ́ːrtənt 임포:ㄹ턴트]
중요한, 귀중한

It is important to study hard.
열심히 공부하는 것은 중요하다.

an important event 중대 사건

931 **happy**
[hǽpi 해피]
행복한, 기쁜, 즐거운

We had a happy time yesterday.
우리는 어제 즐거운 시간을 보냈다.

a happy story 행복한 이야기

932 **unhappy**
[ʌnhǽpi 언해피]
불행한, 슬픈

She looked unhappy.
그녀는 불행해 보였다.

an unhappy death 불행한 죽음

933 **sad**
[sæd 새드]
슬픈

I am very sad.
나는 매우 슬프다.

a sad story 슬픈 이야기

934 **terrible**
[térəbl 테러블]
끔찍한, 심한

It was a terrible accident.
그것은 끔찍한 사고였다.

a terrible accident 무시무시한 사고

935 **shy**
[ʃai 샤이]
수줍어하는, 내성적인

The girl was shy and hid behind her mother.
소녀는 수줍어서 그녀 어머니의 뒤에 숨었다

a shy boy 수줍어하는 소년

936 **kind**
[kaind 카인드]
친절한, 상냥한 종류

He is very kind to me.
그는 나에게 친절합니다.

a kind boy 친절한 소년

937
comfortable
[kʌ́mfərtəbl 컴퍼ㄹ터블]
안락한, 기분 좋은

This sofa is very comfortable.
이 소파는 아주 안락하다.

a comfortable sofa 안락한 소파

938
gentle
[ʤéntl 젠틀]
상냥한, 점잖은

She has a gentle heart.
그녀는 상냥한 마음씨를 가졌다.

a quiet and gentle man
조용하고 점잖은 남자

939
polite
[pəláit 펄라이트]
공손한, 정중한, 예의 바른

He is always polite to everyone.
그는 언제나 모든 사람에게 공손하다.

polite greetings 공손한 인사

940
brave
[breiv 브레이브]
씩씩한, 용감한

The hunter is very brave.
그 사냥꾼은 매우 용감하다.

a brave soldier 용감한 군인

941
sorry
[sɔ́:ri 소:리]
미안한

I am sorry I am late.
늦어서 죄송합니다.

feel sorry about her death
그녀의 죽음을 딱하게 여기다

942
lonely
[lóunli 로운리]
고독한, 홀로의

He lived a lonely life.
그는 고독한 일생을 보냈다.

a lonely life 고독한 일생

943
high
[hai 하이]
높은

The fence is very high.
그 담은 아주 높다.

a high price 높은 가격

944
tall
[tɔːl 토:올]
키가 큰

How tall are you?
키가 얼마입니까?

a tall tree 키가 큰 나무

945
low
[lou 로우]
낮은

The fence was very low.
그 담은 매우 낮다.

a very low voice 매우 낮은 소리

946
long
[lɔːŋ 로:옹]
(길이가) 긴, (시간이) 오랜

She has a long hair.
그녀는 머리가 길다.

a long night 긴 밤

947
short
[ʃɔːrt 쇼:ㄹ트]
짧은, 키가 작은

My pencil is short.
내 연필은 짧다.

a short story 짧은 이야기

948
large
[laːrdʒ 라:ㄹ지]
큰, 넓은

He had large black eyes.
그는 크고 검은 눈을 갖고 있었다.

a large house 큰 집

949
big
[big 빅]
큰, 거대한

He lives in a big house.
그는 큰 집에서 산다.

a big boy (몸집이) 큰 소년

950
small
[smɔːl 스모:올]
작은

This cap is small.
이 모자는 작다.

a small animal 작은 동물

951
huge
[hjuːʤ 휴:지]
거대한, 막대한

An elephant is a huge animal.
코끼리는 거대한 동물이다.

a huge building 거대한 빌딩

952
wide
[waid 와이드]
넓은

The world is wide.
세상은 넓다.

a wide knowledge of English
영어에 대하여 넓은 지식

953
narrow
[nǽrou 내로우]
좁은

This street is narrow.
이 거리는 좁다.

a narrow river 좁은 강

954
deep
[diːp 디:프]
깊은

The well is very deep.
그 우물은 매우 깊다.

a deep pond 깊은 연못

955 **sick**

[sik 식]

병든, 아픈

In-ho is very sick.
인호는 매우 아프다.

a sick girl 아픈 소녀

956 **busy**

[bízi 비지]

바쁜

Tom is very busy now.
탐은 지금 무척 바쁘다.

a busy day 바쁜 하루

957 **own**

[oun 오운]

자기 자신의

It was her own idea.
그것은 그녀 자신의 생각이었다.

my own car 내 차

958 **favorite**

[féivərit 페이버릿]

매우 좋아하는

Who is your favorite singer?
가장 좋아하는 가수는 누구니?

my favorite movie star
매우 좋아하는 영화배우

959 **left**

[left 레프트]

왼쪽의, 왼편의

She is holding up her left hand.
그녀는 왼손을 올리고 있다.

my left hand 나의 왼손

960 **last**

[laːst 라:스트]

최후의, 마지막의

What is the last day of a week?
일주일의 마지막 날은 무슨 요일입니까?

the last line of the page
그 페이지의 마지막 행

961
next
[nekst 넥스트]
다음의

You have to get on the next bus.
너는 다음 버스를 타야만 한다.

the next house 이웃집

962
whole
[houl 호울]
모든, 전체의

I want to eat a whole cake.
케이크를 통째로 다 먹고 싶다.

a whole month 꼬박 한 달

963
such
[sʌtʃ 서치]
그와 같은, 그런

Don't say such a bad word.
그와 같은 나쁜 말은 하지 마라.

such a thing 그와 같은 것

964
near
[níər 니어ㄹ]
가까운, 근처의

This is the nearest way.
이것이 가장 가까운 길이다.

on a near day 가까운 날에, 근간에

965
usual
[júːʒuəl 유:주얼]
평소의, 보통의

This is the usual place we meet.
이곳이 평소 우리들이 만나는 장소이다.

at the usual time 평소 시간에

966
soft
[sɔft 소프트]
부드러운, 포근한

I sleep on a soft bed.
나는 포근한 침대에서 잔다.

soft feather pillows 푹신한 깃털 베개

967 **difficult**
[dífikʌ̀lt 디피컬트]
어려운, 힘든

I solved the difficult problems.
나는 어려운 문제들을 풀었다.

a difficult answer 어려운 대답

968 **easy**
[í:zi 이:지]
쉬운, 마음 편한

The problem is very easy.
그 문제는 매우 쉽다.

an easy book 쉬운 책

969 **different**
[dífərənt 디퍼런트]
다른, 딴

A tiger is different from a lion.
호랑이는 사자와 다르다.

a different kinds 다른 종류

970 **great**
[greit 그레잇]
큰, 굉장한, 위대한

The meeting was a great success.
모임은 큰 성공이었습니다.

a great animal 큰 동물

971 **interesting**
[íntəristiŋ 인터ㄹ리스팅]
흥미 있는, 재미있는

The game is very interesting.
그 시합은 매우 재미있다.

an interesting book 재미있는 책

972 **amazing**
[əméiziŋ 어메이징]
놀랄 만한, 굉장한

Everything was just amazing.
모든 것이 놀라울 따름이었어요.

an amazing story 놀라운 이야기

973 **wrong**
[rɔ:ŋ 로:옹]
틀린, 잘못된

You're wrong.
네가 틀렸다.

a wrong lie 나쁜 거짓말

974 **better**
[bétər 배터ㄹ]
보다 나은

This is better than that.
이것이 저것보다 낫다.

a better book 더 좋은 책

975 **best**
[best 베스트]
가장 좋은

She is my best friend.
그녀는 나의 가장 좋은 친구이다.

like soccer the best 축구를 가장 좋아하다

976 **same**
[seim 세임]
같은

She wear the same clothes every day.
그녀는 매일 같은 옷을 입는다.

the same age 같은 나이(동갑)

977 **quick**
[kwík 퀵]
빠른, 급한

He is quick to understand.
그는 이해가 빠르다.

a quick movement 빠른 동작

978 **useful**
[jú:sfəl 유:스펄]
쓸모 있는, 유용한

This book is very useful for mothers.
이 책은 어머니들에게 아주 유용하다.

a useful animal 유용한 동물

979 **famous**
[féiməs 페이머스]
유명한, 이름난

The singer is famous.
그 가수는 유명하다.

a famous pictures 유명한 그림

980 **popular**
[pάpjələr 파펄러ㄹ]
인기 있는, 대중적인

Tom is popular with children.
탐은 아이들에게 인기가 있다.

a popular novels 대중적인 소설

981 **fast**
[fæst 패스트]
빠른

He is a fast runner.
그는 빨리 달린다.

a fast airplane 빠른 비행기

982 **slow**
[slou 슬로우]
느린, 더딘

Turtles are slow.
거북이는 느리다.

a slow train 완행열차

983 **bright**
[brait 브라이트]
밝은, 빛나는

I enjoyed the bright sunshine.
나는 밝은 햇빛을 즐겼다.

a bright star 빛나는 별

984 **special**
[spéʃəl 스페셜]
특별한, 특수한

We eat special food on a New Year's Day.
우리는 설날에 특별한 음식을 먹는다.

a special train 특별[임시] 열차

985 **true**
[tru: 트루:]
진실한, 실제의

Is it true that he is sick?
그가 아프다는 것이 사실입니까?

true diamond 진짜 다이아몬드

986 **right**
[rait 라이트]
오른쪽의, 옳은

Raise your right hand.
오른손을 들어라.

act a right part 옳은 행위를 하다

987 **dear**
[diər 디어ㄹ]
사랑스러운, 친애하는

To my dear Su-mi.
사랑스러운 수미에게.

my dear father 나의 사랑하는 아버지

988 **free**
[fri: 프리:]
자유로운, 무료의

Lincoln set the slaves free.
링컨은 노예를 해방하였다.

free time 자유 시간

989 **late**
[leit 레잇]
늦은

Don't be late for school.
학교에 지각하지 마라.

be late for school 학교에 늦다(지각하다)

990 **glad**
[glæd 글래드]
기쁜, 즐거운

I am very glad (that) you got well.
병이 나았다니 기쁩니다.

be glad to meet her 그녀를 만나서 기쁘다

991
ready
[rédi 레디]
준비가 된

Are you ready?
준비되었니?

be ready to go to school
학교에 갈 준비가 되어 있다

992
angry
[ǽŋgri 앵그리]
성난, 화가 난

Mother was angry with me.
어머니는 나에게 화가 나 있다.

angry shouts 성난 외침

993
interested
[íntəristid 인터리스티드]
흥미를 가진

He is interested in the study of English. 그는 영어 공부에 흥미를 가지고 있다.

be interested in music
음악에 흥미를 가지고 있다

994
tired
[taiərd 타이어ㄹ드]
피곤한, 지친

I am very tired.
나는 몹시 피곤하다.

be tired of hearing 듣는 데 지치다

995
afraid
[əfréid 어프레이드]
두려워하는, 무서워하는

Don't be afraid of my dog.
내 개를 무서워하지 마라.

be very afraid of snakes
뱀을 몹시 무서워하다

996
friendly
[fréndli 프렌들리]
친한, 친절한

Miss White is very friendly.
화이트 양은 매우 친절하다.

a friendly match(game) 친선경기

997 **ill**
[il 일]
병든

At last he became ill.
마침내 그는 병이 나았다.

be ill in bed 아파서 누워 있다

998 **able**
[éibəl 에이벌]
~할 수 있는, 유능한

He is able to lift the rock.
그는 바위를 들 수 있다

an able teacher 유능한 교사

999 **fond**
[fand 판드]
~을 좋아하여

I am very fond of swimming.
나는 수영을 대단히 좋아합니다.

be fond of move 영화를 좋아하다

1000 **hot**
[hat 핫]
더운, 뜨거운

It is very hot today.
오늘은 매우 덥다.

hot coffee 뜨거운 커피

1001 **cool**
[ku:l 쿠:울]
시원한, 서늘한

It is cool today.
오늘은 시원하다.

cool water 시원한 물

1002 **cold**
[kould 코울드]
추운, 차가운

It is very cold today.
오늘은 매우 춥다.

a cold drink 차가운 음료

1003 **fine**

[fain 파인]

멋진, 훌륭한, (날씨가) 맑은

It is fine today.
오늘은 날씨가 좋다.

a fine view 좋은 경치

1004 **warm**

[wɔːrm 워:ㄹ엄]

따뜻한

It is warm today.
오늘은 날씨가 따뜻하다.

a warm day 따뜻한 날씨

1005 **cloudy**

[kláudi 클라우디]

흐린, 구름이 많이 낀

It was sunny yesterday but it is cloudy today.
어제는 맑았는데 오늘은 흐리다.

a cloudy morning 흐린 아침

1006 **rainy**

[réini 레이니]

비의, 비가 오는

I met him to a rainy day.
나는 비가 오는 날에 그를 만났다.

the rainy season 비가 많이 오는 계절

1007 **snowy**

[snóui 스노우이]

눈이 많은, 눈이 내리는

Today will be snowy in many areas.
오늘은 여러 지역에서 눈이 내리겠습니다.

a snowy evening 눈이 내리는 밤

1008 **sunny**

[sʌ́ni 서니]

햇빛의, 맑은

This is a sunny day.
오늘은 화창한 날이다.

a sunny room 햇볕이 잘 드는 방

1009
windy
[wíndi 윈디]
바람이 있는, 바람이 부는

It is fine, but very windy today.
오늘은 맑지만 바람이 있다.

a windy night 바람이 부는 밤

1010
daily
[déili 데일리]
매일의, 나날의

Here he used to live his daily life.
여기에서 그는 일상적인 삶을 살았다.

the daily newspaper 일간 신문

1011
fair
[fɛər 페어ㄹ]
공정한

We must play a fair game.
우리는 공정한 경기를 해야 한다.

a fair manner 공정한 태도

1012
rich
[ritʃ 리치]
돈 많은, 부자의

His father is very rich.
그의 아버지는 매우 부자이다.

a rich father 부자 아버지

1013
poor
[puər 푸어ㄹ]
가난한, 불쌍한

They are very poor.
그들은 매우 가난하다.

poor people 가난한 사람들

1014
strong
[strɔːŋ 스트로:옹]
힘센, 건강한

A strong man lifted the heavy load.
힘센 사나이가 그 무거운 짐을 들어올렸다.

a strong wind 강한 바람

1015
☐ **weak**
☐ [wi:k 위:크]
☐ 약한

She is very weak.
그녀는 몸이 아주 약하다.

a weak team 약한 팀

1016
☐ **heavy**
☐ [hévi 헤비]
☐ 무거운

The big table is very heavy.
그 큰 탁자는 매우 무겁다.

a heavy bag 무거운 가방

1017
☐ **light**
☐ [lait 라이트]
☐ 밝은, 가벼운

It is not light in the winter even at six o'clock.
겨울에는 6시가 되어도 밝지 않다.

a light box 가벼운 상자

1018
☐ **safe**
☐ [seif 세이프]
☐ 안전한

It is safe to play here.
여기에서 놀면 안전하다.

a safe place 안전한 장소

1019
☐ **dangerous**
☐ [déindʒərəs 데인저러스]
☐ 위험한, 위태로운

It is dangerous to cross that street.
저 길을 건너는 것은 위험하다.

a dangerous dog 위험한 개

1020
☐ **living**
☐ [líviŋ 리빙]
☐ 살아 있는

My pet dog is still living.
내 애완견은 아직도 살아 있다.

a living animal 살아 있는 동물

1021 **dead**
[ded 데드]
죽은

The fish in the bottle was dead.
병 안에 든 물고기는 죽었다.

a dead bird 죽은 새

1022 **round**
[raund 라운드]
둥근

The earth is round.
지구는 둥글다.

a round table 둥근 탁자

1023 **flat**
[flæt 플랫]
평평한, 납작한

People believed the earth is flat.
사람들은 지구가 평평하다고 믿었다.

a flat board 평평한 판자

1024 **smart**
[smɑːrt 스마:르트]
재치 있는, 스마트한

The policeman looks very smart.
그 경찰은 매우 재치 있어 보인다.

a smart student 재치 있는 학생

1025 **wise**
[waiz 와이즈]
현명한, 슬기로운

He is a wise man.
그는 현명한 사람이다.

a wise king 현명한 임금

1026 **foolish**
[fúːliʃ 푸:울리쉬]
바보 같은, 멍청이의

It is foolish to play in the rain.
빗속에서 노는 것은 바보 같은 짓이다.

a foolish boy 어리석은 소년

1027
☐ **clever**
☐ [klévər 클레버ㄹ]
☐ 영리한, 명석한

The boy is very clever.
그 소년은 매우 영리하다.

a clever dog 영리한 개

1028
☐ **cheap**
☐ [tʃiːp 치:프]
☐ 값싼, 싼

Cheap cars are sold here.
여기서 싼 차를 팔고 있다.

a cheap dress 싼 옷

1029
☐ **expensive**
☐ [ikspénsiv 익스펜시브]
☐ 값비싼

This book is not expensive.
이 책은 비싸지 않다.

an expensive car 비싼 자동차

1030
☐ **thin**
☐ [θin 씬]
☐ 얇은

This paper is very thin.
이 종이는 매우 얇다.

a thin paper 얇은 종이

1031
☐ **thick**
☐ [θik 씩]
☐ 두꺼운

A dictionary is very thick.
사전은 매우 두껍다.

a thick dictionary 두꺼운 사전

1032
☐ **dry**
☐ [drai 드라이]
☐ 마른, 건조한

It is very dry today.
오늘은 매우 건조하다.

a dry cough 마른 기침

1033
wet
[wet 웻]
젖은, 축축한

The grass is wet.
잔디가 젖어 있다.

wet with tears 눈물로 젖다

1034
clean
[kliːn 클리:인]
깨끗한

Keep yourself clean.
몸을 깨끗이 해라.

clean hands 깨끗한 손

1035
careful
[kέərfəl 케어ㄹ펄]
주의 깊은

She is very careful.
그녀는 매우 주의 깊다.

careful driving 조심스러운 운전

1036
exciting
[iksáitiŋ 익사이팅]
흥분시키는, 재미있는

The game was exciting.
그 경기는 매우 재미있었다.

an exciting game 재미있는[신나는] 경기

1037
excited
[iksáitid 익사이티드]
흥분한

Everyone was excited.
모두들 들떠 있었다.

an excited crowd 흥분한 관중

1038
quiet
[kwáiət 콰이엇]
조용한

The night was dark and quiet.
그날 밤은 어둡고 조용하였다.

a quiet room 조용한 방

1039 **silent**
[sáilənt 사일런트]
조용한, 침묵의

You must keep silent.
너희들은 잠자코 있어야 한다.

a silent forest 조용한 숲

1040 **loud**
[laud 라우드]
큰소리의, 소리가 높은

He spoke to me in a loud voice.
그는 큰소리로 나에게 말했다.

a loud voice 큰소리

1041 **wild**
[waild 와일드]
야생의

Wild flowers were growing in the garden.
정원에는 야생화가 자라고 있었다.

a wild animal 야생동물

1042 **foreign**
[fɔ́ːrin 포:린]
외국의

My brother is learning a foreign language.
내 형은 외국어를 배우고 있다.

a foreign language 외국어

1043 **international**
[ìntərnǽʃənəl 인터ㄹ내셔널]
국제적인

English is an international language.
영어는 국제어이다.

an international airport 국제공항

1044 **comic**
[kɔ́mik 코믹]
희극의; 만화의

The comic book was very funny.
그 만화책이 매우 재미있었다.

a comic story 웃기는 이야기

1045
funny
[fʌ́ni 퍼니]
우스운, 재미있는

This is a funny story.
이것은 재미있는 이야기이다.

a funny fellow 재미있는 친구

1046
perfect
[pə́ːrfékt 퍼:ㄹ펙트]
완전한, 완벽한

His English paper was perfect.
그의 영어 답안은 나무랄 데가 없었다.

a perfect answer 완벽한 대답

1047
complete
[kəmplíːt 컴플리:트]
완전한; 온전한

We were in complete agreement.
우리는 완벽한 의견 일치를 보았다.

a complete set 온전한 세트

1048
natural
[nǽtʃərəl 내처럴]
자연의, 천연의

People like to eat natural food.
사람들은 자연 식품 먹기를 좋아한다.

a natural poet 타고난 시인

1049
real
[ríːəl 리:얼]
실제의, 현실의, 진짜의

This is a real diamond.
이것은 진짜 다이아몬드이다.

a real jewel 진짜 보석

1050
official
[əfíʃəl 어피셜]
공무상의, 공적인; 공식의

He left his official life.
그는 공직을 떠났다.

official duties 공무

1051
public
[pʌ́blik 퍼블릭]
공중의, 공공의; 공립의

The public library stands in the park.
공립 도서관은 공원에 있다.
a public school 공립학교

1052
peaceful
[píːsfəl 피:스펄]
평화로운, 조용한

It's very peaceful here.
여기는 매우 평화롭다.
a peaceful life 평화로운 생활

1053
professional
[prəféʃənəl 프러페셔널]
전문적인

I watched the professional baseball game on TV.
나는 TV로 프로야구 경기하는 것을 보았다.
a professional school 전문학교

1054
national
[nǽʃənəl 내셔널]
국민의, 국가의, 국립의

That is the national flag of Korea.
저것이 한국의 국기이다.
the national park 국립공원

1055
traditional
[trədíʃənəl 트러디셔널]
전설의; 전통의, 전통적인

Where can I see the traditional Korean dresses?
한국의 전통 의상을 어디서 볼 수 있지요?
traditional food 전통 음식

1056
ugly
[ʌ́gli 어글리]
추한, 못생긴

She looks ugly.
그녀는 얼굴이 못생겼다.
an ugly face 못생긴 얼굴

1057 **equal**
[íːkwəl 이ː퀄]
같은; 평등한

We are of equal weight.
우리는 체중이 같다.

twice 3 is equal to 6 3 곱하기 2는 6

1058 **honest**
[ɔ́nist 어니스트]
정직한, 성실한

They are honest students.
그들은 정직한 학생들이다.

an honest boy 정직한 소년

1059 **careless**
[kɛ́ərlis 케어ㄹ리스]
부주의한

Don't make such a careless mistake again.
그런 부주의한 잘못을 다시 되풀이하지 마라.

a careless mistake 부주의한 실수

1060 **dirty**
[də́ːrti 더ː ㄹ티]
더러운, 불결한, 비열한

My feet were dirty.
내 발은 더러웠다.

a dirty face 더러운 얼굴

1061 **enough**
[inʌ́f 이너프]
충분한, 넉넉한

I have enough money to buy a book.
나는 책을 살 충분한 돈이 있다.

enough food 충분한 음식

1062 **fresh**
[freʃ 프레쉬]
신선한

The fruits are fresh.
그 과일들은 신선하다.

a fresh vegetable 신선한 야채

1063
scared
[skɛəːrd 스케어ː르드]
무서워하는, 겁먹은

She is scared of going out alone.
그녀는 혼자 밖에 나가는 것을 무서워한다.

a scared look 겁먹은 표정

1064
hungry
[hʌ́ŋgri 헝그리]
배고픈, 굶주린

A baby cries when he is hungry.
배가 고프면 아기는 운다.

be hungry all day 하루 종일 굶다

1065
healthy
[hélθi 헬씨]
건강한, 건강에 좋은

He is healthy.
그는 건강하다.

a healthy body 건강한 몸

1066
strange
[streindʒ 스트레인지]
이상한, 기묘한

Her manner is very strange.
그녀의 태도는 아주 이상하다.

a strange sound 이상한 소리

1067
straight
[streit 스트레이트]
곧은, 똑바른

She has straight hair.
그녀는 곧은 머리털을 가지고 있다.

a straight line 직선

1068
common
[kάmən 카먼]
보통의, 평범한

Snow is common in this country.
이 나라에서는 눈이 흔히 온다.

a common friend 보통 친구

1069
human
[hjúːmən 휴:먼]
인간의, 인간적인

The movie is a touching human drama.
그 영화는 감동적인 인간 드라마이다.

a human voice 인간의 목소리

1070
simple
[símpəl 씸펄]
간단한, 쉬운

The problem was simple.
그 문제는 간단했다.

a very simple story 아주 간단한 이야기

1071
lucky
[lʌ́ki 럭키]
운이 좋은, 행운의

How lucky you are !
당신은 참으로 운이 좋군요.

a lucky boy 운이 좋은 소년

1072
sweet
[swíːt 스위:트]
단, 달콤한

She likes sweet tea.
그녀는 달콤한 차를 좋아한다.

a sweet cake 단 과자

1073
delicious
[dilíʃəs 딜리셔스]
맛있는, 맛난

Mother cooked delicious food.
어머니는 맛있는 음식을 요리하셨다.

a delicious apple 맛있는 사과

1074
modern
[mɔ́dərn 모더ㄹ언]
근대의, 현대적인

He studies the modern history of Korea.
그는 한국 근대사를 공부한다.

modern language 현대어

1075
lost
[lɔːst 로:스트]
잃어버린, 없어진

She often dreams of her lost son.
그녀는 종종 잃어버린 아들의 꿈을 꾼다.

a lost child 미아

1076
electric
[iléktrik 일렉트릭]
전기의

He played the electric guitar.
그는 전기 기타를 연주했다.

an electric heater 전기 히터

1077
serious
[síəriəs 시어리어스]
진지한, 진정한

Are you serious?
진정이니?

a serious face 심각한 얼굴

1078
correct
[kərékt 커렉트]
정확한, 옳은

That clock shows the correct time.
저 시계는 정확한 시간을 가리키고 있다.

a correct answer 정확한 대답

1079
loose
[luːs 루:스]
헐렁한, 느슨한

His coat is too loose.
그의 코트는 너무 헐렁하다.

a loose shirt 헐렁한 셔츠

1080
blind
[blaind 블라인드]
눈이 먼

After her illness she became blind.
병을 앓고 난후 그녀는 장님이 되었다.

a blind man 장님

1081
native
[néitiv 네이티브]
타고난, 태어난

The student has a native talent in mathematics.
그 학생은 수학에 타고난 재능이 있다.

one's native country 출생한 나라[본국]

1082
past
[pæst 패스트]
지나간, 과거의

They have been in Seoul for the past five years.
그들은 지난 5년간 서울에 있었다.

past experience 과거 경험

1083
main
[mein 메인]
으뜸가는, 주요한

This is the main street of this town.
이곳이 이 도시의 번화가이다.

a main event 주요 시합

1084
asleep
[əslíːp 어슬리:입]
잠자는, 자고 있는

He was asleep at that time.
그는 그때 잠자고 있었다.

be asleep in bed 침대에서 잠들다

1085
nervous
[nə́ːrvəs 너:ㄹ버스]
신경의; 신경질의

I am always nervous before giving a speech.
나는 연설 전에는 항상 초조하다.

a nervous moment 불안한 순간

1086
thirsty
[θə́ːrsti 써:ㄹ스티]
목마른

I'm very thirsty.
목이 몹시 마르다.

be thirsty after running
달린 뒤 목이 마르다

1087
proud
[praud 프라우드]
뽐내는, 자랑으로 여기는

She is proud of her son.
그녀는 아들을 자랑으로 여긴다.

be proud of her voice
목소리를 자랑으로 여기다

1088
sure
[ʃuə*r* 슈어ㄹ]
틀림없는, 확실한

Are you sure?
틀림없니?

be sure of his success
그의 성공을 확신하고 있다

1089
absent
[ǽbs*ə*nt 앱선트]
결석한, 부재중인

She was absent from school yesterday.
그녀는 어제 학교를 결석했다.

to be absent from work 결근하다

1090
alive
[əláiv 얼라이브]
살아 있는

Is the fish alive?
그 물고기는 살아 있니?

be still alive without air
공기가 없이도 아직 살아 있다

1091
similar
[símələ*r* 시멀러ㄹ]
비슷한, 닮은

I and my friend are similar in character.
나와 내 친구는 성격이 비슷하다.

similar tastes 비슷한 취미

1092
certain
[sə́ː*r*t*ə*n 서ː르턴]
확실한

Are you certain?
당신이 말한 것은 틀림없습니까?

be certain of winning the game
시합에서 이기리라고 확신하다

1093
fit
[fit 핏]
적당한, 알맞은

He is not fit to be a teacher.
그는 선생님이 되기에는 적당하지 않다.

be fit for this purpose 이 목적에 맞다

1094
sleepy
[slíːpi 슬리:피]
졸리는, 졸리는 듯한

He looks very sleepy.
그는 대단히 졸린 듯하다.

feel sleepy 졸음이 오다

1095
impossible
[impάsəbl 임파서블]
불가능한

It's almost impossible to finish my homework today.
오늘 숙제 끝마치기가 거의 불가능하다.

an impossible plan 불가능한 계획

1096
empty
[émpti 엠프티]
빈

We found an empty house.
우리는 빈 집을 발견했다.

an empty box 빈 상자

1097
unusual
[ʌnjúːʒuəl 언유:주얼]
보통이 아닌, 예외적인

It's unusual for him to attend the meeting.
그가 모임에 출석하는 것은 드문 일이다.

an unusual habit 이상한 습관

1098
various
[vɛ́əriəs 베어리어스]
가지각색의, 여러 가지의

There were various types of pants.
가게에는 여러 종류의 바지가 있었다.

various flowers 여러 가지 꽃

1099
western
[wéstəːrn 웨스터ː런]
서쪽의, 서방의

He lives in the western part of this city.
그는 이 도시의 서부에 살고 있다.

western style 서양식

1100
close
[klous 클로우스]
몹시 가까운, 근접한

The tree is close to the house.
그 나무는 집 가까이에 있다.

be close to the house 집에서 가깝다

1101
necessary
[nésəsèri 네서세리]
필요한

Food is necessary for life.
음식은 살아가는 데 꼭 필요하다.

be necessary for daily life
일상생활에 필요하다

1102
worth
[wəːrθ 워ː르쓰]
~의 가치가 있는

It was worth while to read the book.
그 책은 읽을 가치가 있는 책이었다.

be worth two dollars 2달러의 가치가 있다

1103
any
[éni 에니]
어떤, 무엇이든

She can buy any dress.
그녀는 어떤 옷이라도 살 수 있다.

any people 어떤 사람

1104
possible
[pásəbəl 파서벌]
가능한

It is possible to reach the top of the mountain.
그 산꼭대기에 도달하는 것은 가능하다.

be possible 가능성이 있다

1105
active
[ǽktiv 액티브]
활동적인, 활발한

The volcano is still active.
그 화산은 아직도 분화하고 있다.

an active volcano 활화산

1106
adult
[ədʌ́lt 어덜트]
성인이 된; 어른의

An adult can get there in twenty minutes on foot.
어른의 발걸음으로 거기까지 20분 걸린다.

an adult person 어른

1107
ancient
[éinʃənt 에인션트]
옛날의, 고대의

This story dates back on ancient times.
이것은 예로부터 전해 오는 이야기다.

ancient history 고대사

1108
ashamed
[əʃéimd 어쉐임드]
부끄러워하는

I was ashamed of my deed.
나는 나의 행위가 부끄러웠다.

be ashamed of being poor
가난을 부끄러워하다

1109
atomic
[ətάmik 어타믹]
원자의, 원자력의

He was killed in the atomic bomb attack.
그는 원자 폭탄 공격으로 죽었다.

atomic energy 원자력

1110
bare
[bɛər 베어ㄹ]
발가벗은

He is walking with bare feet.
그는 맨발로 걷고 있다.

in one's bare skin 알몸으로

1111 ▢▢▢
calm
[kɑːm 카:암]
잔잔한, 고요한

It was a calm autumn day.
어느 고요한 가을날이었다.

the calm before the storm
폭풍우 전의 고요

1112 ▢▢▢
cheerful
[tʃíərfəl 치어ㄹ펄]
쾌활한

My father looks very cheerful today.
아버지는 오늘 대단히 기분이 좋으신 것 같다.

a cheerful tone 경쾌한 가락

1113 ▢▢▢
chemical
[kémikəl 케미컬]
화학의, 화공의

This chemical liquefies iron easily.
이 화학 약품은 쇠를 잘 녹인다.

the chemical symbol 화학 기호

1114 ▢▢▢
classical
[klǽsikəl 클래시컬]
고전의, 고전파의

I like music, especially classical music.
나는 음악, 특히 클래식을 좋아한다.

classical art 고전 예술

1115 ▢▢▢
commercial
[kəmə́ːrʃəl 커머:ㄹ셜]
상업의

This program has too many commercial breaks.
이 프로그램에는 광고방송이 너무 많다.

a commercial college 상과 대학

1116 ▢▢▢
crazy
[kréizi 크레이지]
미친

He acted as if he were crazy.
그는 미친 사람처럼 행동했다.

go crazy over baseball 야구에 미치다

1117
deaf
[def 데프]
귀머거리의, 귀가 먼

He is deaf of[in] one ear.
그는 한쪽 귀가 안 들린다.

to become deaf 귀가 먹게 되다

1118
delicate
[délikit 델리킷]
가냘픈, 섬세한

His health is delicate.
그는 몸이 허약하다.

a delicate child 약한 아이

1119
double
[dʌ́bəl 더벌]
두 배의, 이중의

This railroad line has a double track.
이 철도선은 복선이다.

double price 두 배의 값

1120
elementary
[èləméntəri 엘러멘터리]
초등의, 초보의

He didn't even finish elementary school.
그는 초등학교도 나오지 않았다.

elementary knowledge 기초 지식

1121
extra
[ékstrə 엑스트러]
여분의, 임시의

I always carry $20 extra for good measure.
나는 항상 20달러를 여분으로 가지고 다닌다.

play an extra part 엑스트라 노릇을 하다

1122
fat
[fæt 팻]
살찐, 뚱뚱한

The boy gets fat.
그 소년은 뚱뚱해지고 있다.

a fat pig 살찐 돼지

1123
female
[fí:meil 피:메일]
여성의, 암컷의

Female gorillas usually give birth to one baby.
암컷 고릴라는 보통 새끼를 한 마리만 낳는다.

a female screw 암나사

1124
following
[fálouiŋ 팔로우잉]
다음의

He came on the following day.
그는 그 다음 날(에) 왔다.

the following day 다음 날

1125
handsome
[hǽnsəm 핸섬]
잘생긴, 핸섬한

He is a handsome youth.
그는 미남 청년이다.

a handsome boy 잘생긴 소년

1126
helpful
[hélpfəl 헬프펄]
도움이 되는

This book was very helpful.
이 책은 상당히 유용했다.

a helpful person 도움이 되는 사람

1127
holy
[hóuli 호울리]
신성한, 성스러운

Marriage is a holy thing.
결혼은 신성한 것이다.

a holy life 경건한 생활

1128
homemade
[hóummèid 호움메이드]
집에서[손수] 만든, 수제의

That's the pleasing tastes of homemade bread.
저것은 집에서 만든 맛 좋은 빵이다.

a homemade bread 집에서 만든 빵

1129 **independent**
[indipéndənt 인디펜던트]
독립한, 자립한

Korea became independent from Japan in 1945.
한국은 1945년에 일본으로부터 독립하였다.
a independent country 독립된 나라

1130 **instant**
[ínstənt 인스턴트]
즉시, 순간

She took an instant dislike to me.
그녀는 즉각 나를 싫어하게 되었다.
instant food 인스턴트식품, 즉석식품

1131 **jealous**
[dʒéləs 젤러스]
샘(질투) 많은

He is jealous of my success.
그는 나의 성공을 질투하고 있다.
a jealous husband 질투심 많은 남편

1132 **junior**
[dʒú:niə*r* 주:니어ㄹ]
손아래의

I am his junior.
나는 그의 후배다.
junior employees 하급 직원들

1133 **lazy**
[léizi 레이지]
게으른, 꾀부리는

The lazy boys failed in the examination.
그 게으른 소년들은 시험에 떨어졌다.
a lazy man 게으른 사람

1134 **local**
[lóukəl 로우컬]
지방의, 그 지역의

The children go to the local school.
어린이들은 그 지역 학교에 다닌다.
a local custom 지방의 관습

1135
magic
[mǽdʒik 매직]
마법의, 요술의

She had a magic lamp.
그녀는 마술 램프를 가지고 있었다.

a magic wand (마법사의) 마술 지팡이

1136
merry
[méri 메리]
즐거운, 유쾌한

I wish you a merry Christmas!
즐거운 크리스마스가 되시길 바랍니다!

a merry voice 즐거운 목소리

1137
musical
[mjú:zikəl 뮤:지컬]
음악의, 음악적인

Nature has endowed him with musical talent.
그는 음악적 재능을 타고났다.

a musical genius 음악의 천재

1138
noisy
[nɔ́izi 노이지]
시끄러운, 떠들썩한

The street is very noisy with traffic.
거리는 자동차들 때문에 무척 시끄러웠다.

a noisy street 시끄러운 거리

1139
normal
[nɔ́:rməl 노:ㄹ멀]
평균의, 정상 상태의

Rain is normal in this area.
비는 이 지역에서 일상적인 것이다.

a normal condition 정상 상태

1140
nuclear
[njú:kliər 뉴:클리어ㄹ]
핵의; 원자핵의

They started nuclear bomb tests.
그들은 원자폭탄 실험을 개시했다.

nuclear weapons 핵무기

1141
opposite
[ápəzit 아퍼짓]
맞은편의, 반대의

He was standing on the opposite bank of the river.
그는 강의 맞은편[건너편] 기슭에 서 있었다.

the opposite sex 이성

1142
ordinary
[ɔ́ːrdəneri 오:ㄹ더네리]
일상의, 보통의

He isn't any ordinary student.
그는 여느 평범한 학생이 아니다.

ordinary people 보통 사람들

1143
original
[ərídʒənəl 어리저널]
처음의, 본래의

He gave up his original plan.
그는 본래 계획을 포기했다.

lose its original form 원형을 잃다

1144
particular
[pərtíkjələr 퍼ㄹ티컬러ㄹ]
특별한, 특정의

I have nothing particular to do now.
지금 해야 할 특별한 일은 없다.

in this particular case 특히 이 경우는

1145
patient
[péiʃənt 페이션트]
참을성 있는

Be patient with others.
타인에게 참을성 있게 대해라.

a patient worker 끈기 있는 일꾼

1146
personal
[pəːrsənl 퍼:ㄹ서늘]
개인의

It's for my personal use.
그것은 내 개인용 물건이다.

a personal opinion 개인적인 의견

1147
plain
[plein 플레인]
명백한, 알기 쉬운

He wrote in plain English.
그는 쉬운 영어로 썼다.

a plain fact 명백한 사실

1148
plastic
[plǽstik 플래스틱]
플라스틱으로 만든

This plastic material does not rip.
이 플라스틱 재료는 깨지지 않는다.

a plastic glass 플라스틱 컵

1149
pleasant
[pléznt 프레즌트]
즐거운, 기분 좋은

We had a pleasant time.
우리는 즐겁게 시간을 보냈다.

a pleasant wind 상쾌한 바람

1150
principal
[prínsəpəl 프린서펄]
으뜸가는, 주요한

He has the principal part in the play.
그는 그 연극의 주역이다.

our principal food 우리의 주식

1151
private
[práivit 프라이빗]
사적인, 사립의

Mr. Ward's private life is well known.
워드 씨의 사생활은 잘 알려져 있다.

a private school 사립학교

1152
rude
[ru:d 루:드]
무례한, 버릇없는

He is a rude fellow.
그는 예의를 모른다.

rude manner 무례한 태도

1153
scientific
[sàiəntífik 사이언티픽]
과학의, 과학적인

It does not rest on a scientific basis.
그것에는 과학적 근거가 없다.

a scientific book 과학 책

1154
sharp
[ʃɑːrp 샤:프]
날카로운, 뾰족한

This knife is sharp.
이 칼은 날카롭다.

harp eyes 예리한 눈

1155
single
[síŋgl 싱글]
단 하나의

There is a single piece of paper.
종이가 단 한 장 있다.

a single bed 일인용 침대

1156
smooth
[smuːð 스무:쓰]
매끄러운

We found smooth stones in the stream.
우리는 개울 안에서 매끄러운 돌을 발견했다.

a smooth desk 매끄러운 책상의 표면

1157
stupid
[stjúːpid 스튜:피드]
어리석은, 멍청한

Don't make such a stupid mistake again.
다시는 그런 어리석은 잘못을 저지르지 마라.

a stupid person 얼빠진 사람

1158
successful
[səksésfəl 석세스펄]
성공한

His attempt to ride a horse was successful.
말을 타려는 그의 시도는 성공적이었다.

a successful lover 사랑의 승리자

1159 **tiny**
[táini 타이니]
조그마한, 몹시 작은

The lady was looking at the tiny little boy.
그 부인은 몹시 작은 소년을 바라보고 있었다.

a tiny baby 아주 작은 아기

1160 **tropical**
[trápikəl 트라피컬]
열대(지방)의

He seasoned himself to tropical weather.
그는 열대성 기후에 익숙해졌다.

a tropical fish 열대어

1161 **unique**
[ju:ní:k 유:니:크]
독특한

She dresses in a most unique fashion.
그녀의 복장은 아주 독특하다.

a unique aroma 일종의 독특한 향기

1162 **worse**
[wə:rs 워:르스]
더 나쁜

She got worse this morning.
오늘 아침 그녀의 병세는 더욱 악화되었다.

and the service is worse
게다가 서비스는 더 나쁘다

1163 **worst**
[wə:rst 워:르스트]
가장 나쁜

He is the worst boy in our class.
그는 우리 반에서 가장 나쁜 학생이다.

at one's worst 최악의 상태에

1164 **stranger**
[stréindʒə:r 스트레인저:ㄹ]
모르는[낯선] 사람

There was a complete stranger sitting at my desk.
내 책상에 전혀 모르는 사람이 앉아 있었다.

bark at a stranger 낯선 사람을 보고 짖다

PART 04

부사

1165 **there**
[ðεəːr 데어ː르]
거기에, 그곳에

I'll be there soon.
곧 그곳으로 가겠습니다.

near there 거기 근처에

1166 **then**
[ðen 덴]
그때

We lived in the country then.
우리는 그때 시골에 살았다.

since then 그 이후

1167 **here**
[híər 히어ㄹ]
여기에

Here is a picture of our school.
여기에 우리 학교 사진이 있다.

come here 여기에 오다

1168 **well**
[wel 웰]
잘, 능숙하게

He speaks English very well.
그는 영어를 아주 잘한다.

speak well of others
다른 사람에 대해 좋게 말하다

1169 **again**
[əgéin 어게인]
다시, 또, 다시 한 번

Inho knocked on the door again.
인호는 다시 문을 두드렸다.

watch again 다시 보다

1170 **now**
[nau 나우]
지금, 이제

What are you doing now?
지금 무엇을 하고 있니?

come back just now 방금 돌아오다

1171
back
[bæk 백]
뒤에, 뒤로

He will come back soon.
그는 곧 돌아올 것이다.

come back to Korea 한국으로 돌아오다

1172
far
[fɑːr 파:ㄹ]
멀리, 멀리에

The airplane is flying far away.
비행기가 멀리서 날고 있다.

not far from here 여기서 멀지 않다

1173
very
[véri 베리]
매우, 아주

It's very hot today.
오늘은 아주 덥다.

very kind 대단히 친절하다

1174
too
[tuː 투:]
너무

He walks too fast.
그는 너무 빨리 걷는다.

too big for me 나에게 너무 크다

1175
really
[ríːəli 리:얼리]
참으로, 정말로

I really want to buy this book.
나는 정말로 이 책을 사고 싶다.

really beautiful 참으로 아름답다

1176
quite
[kwait 콰잇]
아주, 꽤

He was quite young.
그는 꽤 젊었다.

quite dark 아주 어둡다

1177
rather
[rǽðəːr 래더ː르]
다소, 좀

It's rather cold today.
오늘은 좀 춥다.

rather warm 좀 따뜻하다

1178
ago
[əgóu 어고우]
~전에, 이전에

Ten days ago, he was sick.
열흘 전에 그는 아팠다.

fifty years ago 50년 전

1179
off
[ɔːf 오ː프]
떨어져

He took off his hat.
그는 그의 모자를 벗었다.

three miles off 3마일 떨어져서

1180
later
[léitər 레이터ㄹ]
뒤에, 후일에

The accident took place a few minutes later.
그 사고는 몇 분 후에 일어났다.

at a later date 후일에

1181
up
[ʌp 업]
위로

We went up the hill.
우리는 언덕 위로 올라갔다.

up in the sky 하늘 위로

1182
down
[daun 다운]
아래로, 아래쪽으로

Sit down, please.
앉으세요.

put a bag down 가방을 내려놓다

1183
soon
[su:n 수:운]
곧, 얼마 안 가서, 빨리

He will be back home soon.
그는 곧 집에 돌아올 것이다.

finish the homework soon
일찍 숙제를 끝내다

1184
easily
[í:zili 이:질리]
쉽게, 수월하게

I could do the test easily.
나는 그 시험을 쉽게 치를 수 있었다.

find the place easily 쉽게 장소를 찾다

1185
always
[ɔ́:lweiz 오:올웨이즈]
항상, 늘, 언제나

Always wash your hands before you eat.
식사하기 전에 항상 손을 씻어라.

always late 언제나 지각하다

1186
usually
[jú:ʒluəli 유:주얼리]
보통, 흔히

He usually eats bread for breakfast.
그는 아침 식사로 흔히 빵을 먹는다.

usually get up at six 보통 6시에 일어나다

1187
often
[ɔ́:fən 오:펀]
자주

He often visits us.
그는 우리를 자주 방문한다.

often come to see me
자주 나를 만나러 온다

1188
sometimes
[sʌ́mtàimz 섬타임즈]
때때로

She sometimes goes with us.
그녀는 때때로 우리와 같이 간다.

sometime play the violin
때때로 바이올린을 켜다

1189 **never**
[névər 네버ㄹ]
결코 ~하지 않다

I'll never give it up
나는 그것을 결코 포기하지 않겠다.

never tell a lie 결코 거짓말을 하지 않다

1190 **once**
[wʌns 원스]
한 번

We've met once.
우리는 한 번 만난 적이 있다.

once a week 1주일에 한 번

1191 **twice**
[twais 트와이스]
두 번

I've been there twice.
나는 그곳에 두 번 갔었다.

twice a day 하루에 두 번

1192 **still**
[stil 스틸]
아직도, 여전히

He is still asleep.
그는 아직도 자고 있다.

be still waiting for him
아직도 그를 기다리고 있다

1193 **also**
[ɔ́:lsou 올:소우]
~도, 역시

You must read this book also.
너는 이 책도 읽어야 한다.

also like move 영화도 좋아하다

1194 **together**
[təgéðər 터게더ㄹ]
함께, 같이

We went shopping together.
우리는 함께 물건을 사러 갔다.

go to school together 함께 학교에 가다

1195
☐ **even**
☐ [íːvn 이:븐]
☐ ~조차, ~마저

Even a child can do it.
어린아이조차도 그것을 할 수 있다.

cool even in August 8월인데도 시원하다

1196
☐ **quickly**
☐ [kwíkli 퀴클리]
☐ 빨리, 급히

The tree grow quickly.
그 나무들은 빨리 자란다.

get well quickly 빨리 좋아지다

1197
☐ **slowly**
☐ [slóuli 슬로우리]
☐ 천천히, 느릿느릿

They walked slowly.
그들은 천천히 걸었다.

eat slowly 천천히 먹다

1198
☐ **suddenly**
☐ [sʌ́dnli 서든리]
☐ 돌연, 갑자기

The car stopped suddenly.
차가 갑자기 멈추었다.

appear suddenly 홀연히 나타나다

1199
☐ **carefully**
☐ [kέərfəli 케어ㄹ펄리]
☐ 주의 깊게, 조심스럽게

Look at the picture carefully.
그 사진을 주의 깊게 보아라.

listen carefully 주의 깊게 듣다

1200
☐ **quietly**
☐ [kwáiətli 콰이어틀리]
☐ 조용히, 침착하게

Please chew your gum quietly.
껌 좀 조용히 씹으세요.

close the door quietly 문을 조용히 닫다

1201
loudly
[láudli 라우들리]
큰소리로

Could you speak more loudly?
좀 더 큰소리로 말해 주시겠어요?

cry loudly for help 큰소리로 도움을 청하다

1202
clearly
[klíərli 클리어ㄹ리]
뚜렷하게, 명백히

Could you speak more clearly?
좀 더 똑똑히 말해 주시겠어요?

be clearly heard 똑똑히 들리다

1203
sadly
[sǽdli 새들리]
슬프게, 슬픈 듯이

She looked at me sadly.
그녀는 슬픈 듯이 나를 보았다.

talk sadly 슬프게 말하다

1204
happily
[hǽpili 해필리]
행복하게, 다행히도

Our family lives very happily together.
우리 가족은 함께 행복하게 산다.

live happily 행복하게 살다

1205
safely
[séifli 세이프리]
안전하게, 무사히

They arrived there safely.
그들은 무사히 거기에 닿았다.

safely drive 안전 운전하다

1206
finally
[fáinəli 파이널리]
최후에, 마침내

Finally, the game was over.
드디어 경기가 끝났다.

get a job finally 마침내 직장을 구하다

1207
badly
[bǽdli 배들리]
심하게, 몹시

My feet hurt badly.
나는 발을 몹시 다쳤다.

stomach hurt badly 배가 몹시 아프다

1208
hard
[hɑːrd 하:ㄹ드]
열심히

He is working hard.
그는 열심히 일하고 있다.

study hard 열심히 공부하다

1209
forward
[fɔ́ːrwərd 포:ㄹ워ㄹ드]
앞으로, 전방으로

She looked forward.
그녀는 앞을 바라보았다.

a step forward 한 걸음 앞으로

1210
out
[aut 아웃]
밖에, 밖으로

Father is out now.
아버지는 지금 외출하고 안 계시다.

go out 밖으로 나가다

1211
inside
[ìnsáid 인사이드]
내부에(로), 안쪽에(으로)

I play inside on rainy days.
우리는 비 오는 날에는 안에서 논다.

come inside 안으로 들어오다

1212
outside
[àutsáid 아웃사이드]
바깥에

It's quite dark outside.
바깥은 꽤 어둡다.

play outside 밖에서 놀다

1213 **alone**
☐ ☐ ☐
[əlóun 얼로운]
혼자서

He came alone.
그는 혼자서 왔다.

live alone 혼자서 살다

1214 **abroad**
☐ ☐ ☐
[əbrɔ́:d 어브로:드]
외국에(으로)

I shall go abroad next month.
나는 다음달에 외국에 간다.

travel abroad 해외여행을 하다

1215 **downstairs**
☐ ☐ ☐
[dáunstɛ́ərz 다운스테어ㄹ즈]
아래층으로(에)

She is coming downstairs.
그녀는 2층에서 내려오고 있다.

go downstairs 아래층으로 가다

1216 **upstairs**
☐ ☐ ☐
[ʌ́pstɛ́ərz 업스테어ㄹ즈]
위층으로, 위층에

Let's go upstairs.
2층에 올라갑시다.

run upstairs 위층으로 뛰어가다

1217 **ahead**
☐ ☐ ☐
[əhéd 어헤드]
앞으로, 전방에

Walk straight ahead.
앞으로 곧장 가시오.

move ahead 앞으로 이동하다

1218 **forever**
☐ ☐ ☐
[fərévər 퍼ㄹ에버ㄹ]
영원히, 영구히

I will love my parents forever.
우리 부모님을 영원히 사랑할 것이다.

love you forever 영원히 너를 사랑한다

1219 **just**
[dʒʌst 저스트]
꼭, 정확히, 정각

It is just six o'clock.
정각 6시이다.

just half past six 정각 6시 반

1220 **almost**
[ɔ́:lmoust 오:올모우스트]
거의, 대부분

It's almost time for the train to leave.
기차가 거의 출발할 시간이다.

be almost ready 거의 준비가 되다

1221 **nearly**
[níərli 니어ㄹ리]
거의, 약

It is nearly six o'clock now.
이제 거의 여섯 시가 다 되었다.

nearly one hundred girls
약 100명의 소녀들

1222 **away**
[əwéi 어웨이]
떨어져서, 멀리

My parents are away now.
나의 부모님은 지금 멀리 계신다.

a ship far away 멀리 떨어진 배

1223 **else**
[els 엘스]
그밖에, 그 외에

What else do you want to eat?
그 외에 또 무엇을 드시겠습니까?

ask someone else
누군가 다른 사람에게 묻다

1224 **especially**
[ispéʃəli 이스페셔리]
특히, 유달리

It is especially cold this morning.
오늘 아침은 특히 춥다.

a cake especially decorated
특별 장식을 한 케이크

1225
everywhere
[évri*h*wὲər 에브리웨어ㄹ]
어디든지 다, 도처에

It can be seen everywhere in the world. 그것은 세계 어느 곳에서나 볼 수 있다.

everywhere in the world
세계 어느 곳에서나

1226
o'clock
[əklák 어클락]
~시

It is just ten o'clock.
정각 10시입니다.

the seven o'clock train 7시 출발의 기차

1227
please
[pli:z 플리:즈]
제발, 부디

Stand up, please.
좀 일어서 주십시오.

Please listen.
자 들으세요.

1228
less
[les 레스]
~보다 적게

She is less beautiful than her sister. 그녀는 동생보다 예쁘지 않다.

become less interesting
흥미가 적어지다

1229
instead
[instéd 인스테드]
그 대신에

He ate an apple instead of an orange.
그는 오렌지 대신에 사과를 먹었다.

instead of my mother 어머니 대신에

1230
tonight
[tunáit 투나잇]
오늘밤은, 오늘밤

There are many stars out tonight.
오늘밤에는 별들이 많이 나와 있다.

It's cold tonight.
오늘 밤에는 춥다.

1231
sometime
[sʌ́mtàim 섬타임]
언젠가, 어느 때

I should like to go there sometime.
나는 언젠가 거기에 가 보고 싶다.

sometime ago 얼마 전에

1232
anyway
[éniwèi 에니웨이]
아무튼, 게다가

Anyway, I have to go now.
아무튼 지금 가야만 해.

It's too late now, anyway.
게다가 지금은 시간도 너무 늦었어.

1233
maybe
[méibi 메이비]
아마, 어쩌면

Maybe you will succeed next time.
아마 다음번에는 성공할 것이다.

as soon as maybe 가급적 빨리

1234
perhaps
[pərhǽps 퍼ㄹ햅스]
아마, 어쩌면

Perhaps he will join us.
아마 그는 우리들과 함께 어울릴 것이다.

Perhaps he's forgotten.
아마 그가 잊어버린 모양이다.

1235
probably
[prɑ́bəbli 프라버블리]
아마도, 다분히

It'll probably be OK.
아마 그래도 괜찮을 것이다.

You're probably right.
당신이 아마 맞을 거예요.

1236
certainly
[sə́ːrtnli 서:ㄹ튼리]
반드시, 틀림없이, 확실히

He will certainly succeed in the examination.
그는 틀림없이 시험에 합격할 것이다.

almost certainly 거의 확실히

1237
not
[nɑt 낫]
~이 아니다

That is not a good idea.
그것은 좋은 생각이 아니다.

Don't you eat meat?
고기 안 드세요?

1238
so
[sou 소우]
그렇게, 그처럼, 매우

Don't walk so fast.
그렇게 빨리 걷지 마시오.

be so kind 매우 친절하다

1239
yet
[jet 옛]
아직

He has not arrived yet.
그는 아직 도착하지 않았다.

Don't go yet.
아직 가지 마.

1240
hardly
[hɑ́:rdli 하:ㄹ들리]
거의 ~않다

I can hardly believe it.
나는 그것을 거의 믿을 수 없다.

Hardly anyone came.
거의 아무도 오지 않았다.

1241
already
[ɔ:lrédi 오:올레디]
이미, 벌써

The giant was already fast asleep.
그 거인은 이미 깊은 잠에 빠져 있었다.

I'm already late.
난 이미 늦었어.

1242
ever
[évər 에버ㄹ]
전에, 이제까지

Have you ever seen a tiger?
전에 호랑이를 본 적이 있니?

Don't you ever get tired?
넌 (한번도) 지치지도 않니?

1243
☐ **anywhere**
☐ [énihwɛ̀ər 에니웨어ㄹ]
☐ 어딘가에, 어디든지

Did you go anywhere yesterday?
어제 어딘가 갔었습니까?

I can't see it anywhere.
어디에서도 그걸 볼 수가 없어.

1244
☐ **yes**
☐ [jes 예스]
☐ 네, 예

Do you like apples?
사과를 좋아합니까?

_Yes, I do.
네, 그렇습니다.

1245
☐ **no**
☐ [nou 노우]
☐ 아니오, 아무도 ~않다

Is it still raining?
아직도 비가 옵니까?

_No, it has stopped.
아니오, 그쳤습니다.

1246
☐ **however**
☐ [hauevər 하우에버ㄹ]
☐ 아무리 ~해도

However tired you may be, you must do it.
아무리 피곤해도 그것을 해야만 된다.

however you look at it 아무리 살펴봐도

1247
☐ **aloud**
☐ [əláud 얼라우드]
☐ 큰 소리로, 소리 내어

The child was reading the book aloud.
그 아이는 그 책을 소리 내어 읽고 있었다.

cry[shout] aloud 큰 소리로 외치다

1248
☐ **completely**
☐ [kəmplí:tli 컴플리:틀리]
☐ 완전히, 철저히

None are completely happy.
완전하게 행복한 사람이란 없다.

completely forget 완전히 잊다

1249
immediately
[ímiːdiətli 이미:디어틀리]
곧바로, 즉석에서

I answered his letter immediately.
나는 곧바로 그의 편지에 답장했다.

answer immediately 즉석에서 대답하다

1250
indeed
[indíːd 인디:드]
실로, 참으로, 과연

I am very happy indeed.
나는 정말 행복합니다.

I may, indeed, be wrong.
과연 내가 잘못인지도 모른다.

1251
recently
[ríːsəntli 리:선틀리]
요사이, 최근에

I have not seen him recently.
나는 요즘 그를 만나지 않았다.

until quite recently 바로 요전까지

1252
sincerely
[sinsíərli 신시어ㄹ리]
진심으로, 충심으로

I sincerely thank you for your kindness.
당신의 친절에 진심으로 감사드립니다.

sincerely hope 간절히 바라다

1253
somewhere
[sʌ́mhwɛ̀ər 섬웨어ㄹ]
어딘지, 어딘가에

She lives somewhere around here. 그녀는 이 근방 어딘가에 살고 있다.

somewhere around[about] here
이 근처 어디에

1254
surely
[ʃúərli 슈어ㄹ리]
틀림없이, 꼭

She will surely arrive in time.
그녀는 틀림없이 제시간에 도착할 것이다.

surely hear the sounds
소리를 틀림없이 듣다

1255
generally
[ʤénərəli 제너럴리]
일반적으로 널리, 보통

Rice is generally eaten with the spoon in Korea.
한국에서 밥은 보통 숟가락으로 먹는다.

generally speaking 일반적으로 말하면

1256
outdoors
[àutdɔ́:rz 아웃도:ㄹ즈]
문 밖에서, 야외에서

The rain prevented them from eating outdoors.
비 때문에 그들은 야외에서 식사를 하지 못했다.

in the great outdoors 확 트인 야외에서

1257
actually
[ǽktʃuəli 액츄얼리]
정말로, 실제로

What did she actually say?
그녀가 정말 뭐라고 했니?

actually happen 실제로 일어나다

1258
effectively
[iféktivli 이펙티블리]
효과적으로

You should spend your time effectively.
너는 시간을 효과적으로 써야 한다.

work effectively 효과적으로 일하다

1259
indoors
[indɔ́:rz 인도:ㄹ즈]
실내에서, 실내로

I stay indoors at all times.
언제나 방구석에 박혀 있다.

play indoors 안에서 놀다

1260
tightly
[taitli 타이틀리]
단단히, 꽉; 빽빽히

He held on tightly to her arm.
그가 그녀의 팔을 꽉 붙잡았다.

tie tightly 야무지게 묶다

PART 05

전치사
대명사
의문사
접속사
조동사

▶ • • • 전치사

1261 **on**

[ɔ:n 오:온]

~위에

Put the cup on the table.
컵을 탁자 위에 놓아라.

a vase on the table 테이블 위에 화병

1262 **under**

[ʌ́ndər 언더ㄹ]

~아래에, ~밑에

The box is under the table.
상자는 탁자 밑에 있다.

a bench under the tree
나무 아래의 벤치

1263 **in**

[in 인]

(장소) 안에

A bird is singing in the cage.
새장 속에서 새가 지저귀고 있다.

a bird in a cage 새장 속의 새

1264 **between**

[bitwí:n 비트위:인]

(보통 둘 사이) ~의 사이에

Tom is sitting between Mary and Sumi. 탐은 메리와 수미 사이에 앉아 있다.

a secret between you and me
너와 나 사이의 비밀

1265 **among**

[əmʌ̀ŋ 어멍]

~중에, 사이에

Mary is the most beautiful girl among us.
우리들 중에서 메리가 제일 예쁘다.

a house among the trees 나무들 사이의 집

1266
over
[óuvər 오우버ㄹ]
~위에, ~을 넘는

There are five bridges over the river.
그 강 위로 다리가 다섯 개 있다.

a bridge over the river 강 위에 다리

1267
beyond
[bijɔ́nd 비욘드]
~의 저쪽에, ~너머에

Don't go beyond the mountain.
그 산 너머는 가지 마라.

beyond the bridge 다리 너머에

1268
for
[fɔːr 포ːㄹ]
~을 위하여, ~을 향하여

The knife is for cutting bread.
그 칼은 빵을 자르기 위한 것이다.

start for London 런던을 향해 출발하다

1269
about
[əbáut 어바웃]
~에 대하여

Cinderella is a story about a pretty girl.
신데렐라는 예쁜 소녀에 대한 이야기이다.

a book about animals 동물에 관한 책

1270
of
[ʌv 어브]
~의, ~중에서

What is the name of that river?
저 강의 이름은 무엇입니까?

student of this school 이 학교의 학생

1271
above
[əbʌ́v 어버브]
~의 위에

Birds are flying above the trees.
새들이 나무 위를 날고 있다.

fly above the clouds 구름 위를 날다

1272 **below**
[bilóu 빌로우]
~의 아래에, ~의 아래쪽에

Hang this picture below the other.
이 그림을 다른 그림 아래 걸어라.

fall below zero 0도 이하로 떨어지다

1273 **at**
[æt 앳]
~에서(장소), ~에(시간)

I arrived at the station.
나는 정거장에 도착했다.

meet at noon 정오에 만나다

1274 **by**
[bai 바이]
~의 곁에, 옆에

He is standing by the gate.
그는 문 옆에 서 있다.

a house by the river 강가에 있는 집

1275 **around**
[əráund 어라운드]
~의 주위에

We sat around the table.
우리는 탁자 주위에 앉았다.

set around the fire 불 주위에 둘러앉다

1276 **across**
[əkrɔ́:s 어크로:스]
~을 가로질러, ~을 건너서

The boy ran across the room.
소년이 방을 가로질러 뛰었다.

run across the street
거리를 가로질러 달리다

1277 **along**
[əlɔ́:ŋ 어로:옹]
~을 따라서

There are trees along this road.
이 길을 따라 나무들이 있다.

walk along the street 길을 따라 걷다

1278 **with**

[wið 위드]

~와 함께

I have lunch with my friends.
나는 친구들과 함께 점심을 먹는다.

go with my friends 친구들과 함께 가다

1279 **from**

[frʌm 프럼]

~로부터, ~에서

This present is from my mother.
이 선물은 엄마에게서 온 것이다.

start from here 여기서 출발하다

1280 **to**

[tuː 투ː]

~에게, ~까지

I gave the book to my father.
나는 그 책을 나의 아버지께 드렸다.

from Monday to Friday
월요일부터 금요일까지

1281 **after**

[ǽftər 애프터ㄹ]

~의 뒤에, ~의 다음에

Tuesday comes after Monday.
화요일은 월요일 다음에 온다.

after three months 3개월 후에

1282 **before**

[bifɔ́ːr 비포ːㄹ]

~전에, ~에 앞서

Brush your teeth before you go to bed.
잠자리에 들기 전에 이를 닦아라.

before it gets dark 어두워지기 전에

1283 **during**

[djúəriŋ 듀어링]

~하는 동안에

Do your homework during the holidays. 휴일 동안에 숙제를 해라.

during the summer vacation
여름방학 중에

1284 **since**
[síns 신스]
~이래

We have been busy since last Sunday.
우리는 지난 일요일 이래로 계속 바빴다.

since last Sunday 지난 일요일 이래

1285 **until**
[əntíl 언틸]
~까지

I'll stay here until noon.
나는 정오까지 여기에 있겠다.

until I come back 내가 돌아올 때까지

1286 **through**
[θru: 쓰루:]
~을 통해서, ~을 지나서

Water flows through this pipe.
물은 이 관을 통해 흐른다.

run through the field 들판을 지나 달리다

1287 **against**
[əgénst 어겐스트]
~을 거슬러

The ship was sailing against the wind.
그 배는 바람에 거슬러 항행하고 있었다.

be against the plan 계획에 반대하다

1288 **without**
[wiðáut 위다웃]
~없이, ~하지 않고

We can't live without water.
우리는 물 없이는 살 수 없다.

drink coffee without cream
크림 없이 커피를 마시다

1289 **into**
[íntu: 인투:]
(방향)~의 속으로

A gentleman went into the hotel.
한 신사가 그 호텔 속으로 들어갔다.

jump into the pool 풀에[속으로] 뛰어들다

1290 **behind**

[biháind 비하인드]

~의 뒤에

She is hiding behind the door.
그녀는 문 뒤에 숨어 있다.

hide behind a wall 벽 뒤에 숨다

1291 **beside**

[bisáid 비사이드]

~의 옆에, 곁에

Tom sat down beside me.
탐은 내 옆에 앉았다.

sit down beside me 내 곁에 앉다

1292 **toward**

[təwɔ́:rd 터워:ㄹ드]

~쪽으로, ~을 향하여

She was walking toward me.
그녀는 나를 향하여 걸어오고 있었다.

run toward the sea 바다를 향해 달리다

1293 **till**

[til 틸]

~까지

He'll be busy till then.
그는 그때까지 바쁠 것이다.

till late at night 밤늦게까지

1294 **within**

[wiðìn 위딘]

(시간, 거리 등이) ~의 안에

He will be back within a week.
그는 1주일 이내에 돌아올 것이다.

finish within a week 1주일 안에 끝내다

1295 **except**

[iksépt 익셉트]

~을 제외하고는, ~이외는

We go to school every day except Sunday.
우리는 일요일을 빼고는 매일 학교에 간다.

everyone except one 한 사람만 제외하고 모두

1296
upon
[əpɔ́n 어펀]
~의 위에

A cat is lying upon the roof.
고양이가 지붕 위에 누워 있다.

upon the head ; overhead
두상에, 머리 위에

1297
beneath
[biníːθ 비니:쓰]
아래[밑]에

The boat sank beneath the waves.
그 배는 파도 속으로 가라앉았다.

beneath one's feet 발 밑에(서)

1298
despite
[dispáit 디스파잇]
~에도 불구하고

I love her despite her faults.
나는 그녀의 결점에도 불구하고 그녀를 사랑한다.

despite the opposition 반대에도 불구하고

1299
including
[inklúːdiŋ 인클루:딩]
~을 포함하여

There'll be five including two children.
아이 두 명을 포함해서 총 다섯 명이 될겁니다.

including a tip 팁을 포함해서

1300
regarding
[rigáːrdiŋ 리가:ㄹ딩]
~에 관하여(는)

I know nothing regarding the matter.
나는 그 일에 대해서는 아무 것도 모른다.

a treatise regarding ~에 관한 논문

1301
excluding
[iksklúːdiŋ 익스클루:딩]
~을 제외하고

There were fifteen present excluding myself.
나를 제외하고 15명이 참석해 있었다.

excluding hotel 호텔을 제외하고

▶ • • • 대명사

1302 **I**

[ai 아이]

나는(내가)

I am a student.
나는 학생이다.

I blush to own that I did it.
부끄럽습니다만 내가 했습니다.

1303 **you**

[ju: 유]

당신은(이), 당신을(에게)

Can I sit next to you?
네 옆에 앉아도 되겠니?

We can't help you.
우리는 당신을 도울 수 없습니다.

1304 **he**

[hi: 히]

그는(가)

He went through that door.
그 남자는 저 문으로 들어갔다.

He came on Sunday.
그는 일요일에 왔다.

1305 **she**

[ʃi: 쉬]

그녀는(가)

How old is she?
그녀는 몇 살이에요?

She was a year older than I.
그녀는 나보다 한 살 위였다.

1306 **it**

[its 잇츠]

그것은(이), 그것을(에게)

Where's your car?
당신 차는 어딨어요?

_It's in the garage.
그건 정비소에 있어요.

1307 **we**

[wi: 위:]

우리는(가)

We've moved to Atlanta.
우리는 애틀랜타로 이사를 했다.

we Koreans 우리 한국인

1308 **they**

[ðei 데이]

그들은(이)

They live nearby.
그들은 인근에 산다.

Whom did they invite?
그들이 누구를 초대했나요?

1309 **my**

[mai 마이]

나의

Where's my passport?
내 여권이 어딨지?

in my opinion 나의 소견으로는

1310 **your**

[juə:r 유어:ㄹ]

너[당신]의, 너희[당신]들

I like your dress.
네 드레스 좋아[멋져].

The bank is on your right.
은행은 당신 오른편에 있어요.

1311 **his**

[hiz 히즈]

그의, 그의 것

His shoes were covered with dust.
그의 구두는 먼지투성이었다.

a friend of his 그의 친구 한 명

1312 **her**

[hə:r 허:ㄹ]

그녀의, 그녀를(에게)

She's up to her ears in work.
그녀는 일에 몰두해 있다.

I dropped her.
그녀를 퇴학시켜 버렸어요.

1313
its
[its 잇츠]
그것의

Its name is Hyper-X.
그것의 이름은 하이퍼 엑스입니다.

its secret 그것의 비밀

1314
our
[auər 아워ㄹ]
우리의

He is not of our number.
그는 우리 편이 아니다.

one of our number 우리들 가운데 한 명

1315
their
[ðɛəːr 데어:ㄹ]
그들의

Their parties are always fun.
그들의 파티는 항상 재미가 있다.

their infant son 그들의 젖먹이 아들

1316
me
[miː 미:]
나에게, 나를

Don't hit me.
나를 때리지 마.

Give it to me.
그거 내게 줘.

1317
him
[him 힘]
그를, 그에게

When did you see him?
그를 언제 보았어요?

buy him a book 그에게 책을 사 주다

1318
us
[ʌs 어스]
우리를(에게)

She gave us a picture.
그녀가 우리에게 그림을 한 장 주었다.

give us money 우리에게 돈을 주다

1319 **them**
[ðem 뎀]
그들을(에게)

Tell them the news.
그들에게 그 소식을 전해라.

among them 개중에는

1320 **mine**
[main 마인]
내 것

That's mine.
그건 내 거야.

an old friend of mine 나의 오랜 친구

1321 **yours**
[juə:rz 유어:ㄹ즈]
당신[너의] 것

Is that book yours?
저 책 네 거니?

that book of yours 너의 그 책

1322 **hers**
[hə:rz 허:ㄹ즈]
그녀의 것

His eyes met hers.
그의 눈이 그녀의 눈과 마주쳤다.

a friend of hers 그녀의 친구 한 명

1323 **ours**
[auərz 아워즈]
우리의 것

Their house is larger than ours.
그들의 집은 우리 집보다 크다.

a friend of ours 우리의 친구

1324 **theirs**
[ðɛə:rz 데어:ㄹ즈]
그들의 것

Our house is brown and theirs is white. 우리 집은 갈색인데 그 사람들 집은 흰색이에요.

this plan of theirs 그들의 이 계획

1325 **this**
[ðis 디스]
이것

This is your book.
이것은 너의 책이다.

this camera of mine 나의 이 카메라

1326 **that**
[ðæt 댓]
저것, 저, 그

This is a table and that is a desk.
이것은 테이블이고 저것은 책상입니다.

that boy 저 소년

1327 **these**
[ði:z 디:즈]
이것들, 이것들의

These are presents for the old.
이것들은 노인들을 위한 선물이다.

these apples 이 사과

1328 **those**
[ðouz 도우즈]
저것들, 그것들

Those are old books.
저것들은 오래된 책들이다.

those oranges 저 오렌지

1329 **each**
[i:ʧ 이:치]
각자, 각각

He gave two pencils to each of them.
그는 그들 각자에게 연필 두 자루씩을 주었다.

each of them 그들 각자

1330 **one**
[wʌn 원]
<one of~> ~중의 하나(사람)

He is one of my friends.
그는 내 친구 중의 하나이다.

one of my friends 내 친구 중의 하나

1331
both
[bouθ 보우쓰]
양쪽, 쌍방

Both of them are dead.
그들은 둘 다 죽었다.

both of the brothers 그 형제 둘 다

1332
all
[ɔːl 오:올]
다, 모든

They've eaten all of it.
그들이 그걸 다 먹었어.

They all enjoyed it.
그들은 모두 그것을 즐거워했다.

1333
another
[ənʌ́ðər 어너더ㄹ]
또 하나, 또 한 사람

Give me another.
하나 더 주세요.

one after another 한 사람 한 사람

1334
everything
[évriːθìŋ 에브리:씽]
모든 것, 전부

Everything is ready.
모든 것이 준비되어 있다.

everything famous in Seoul
서울의 유명한 모든 것

1335
something
[sʌ́mθiŋ 섬씽]
무언가, 어떤 것

Give me something to eat.
무엇인가 먹을 것을 주십시오.

something to drink 무언가 마실 것

1336
anything
[éniθìŋ 에니씽]
무엇이든지, 아무 것도

Did you learn anything new at school?
학교에서 뭔가 새로운 것을 배웠느냐?

eat anything 무엇이든 먹다

1337
nothing
[nʌ́θiŋ 너씽]
아무 것도, 하나도

There's nothing in this box.
이 상자 안에는 아무 것도 없다.

There was nothing in her bag.
그녀의 가방에는 아무것도 없었다.

1338
everyone
[évriwʌ̀n 에브리원]
모든 사람, 모두

Everyone in the room laughed.
방에 있던 모든 사람이 웃었다.

Everyone came.
모두 다 왔다.

1339
someone
[sʌ́mwʌ̀n 섬원]
누군가, 어떤 것

Someone is knocking on the door.
누군가 문을 두드리고 있다.

Someone's left their bag behind.
누군가가 가방을 두고 갔다.

1340
anyone
[éniwʌ̀n 에니원]
누군가, 누구든지

Is anyone absent?
누구 결석한 사람 있습니까?

Is anyone there?
거기 누구 있어요?

1341
everybody
[évribɑ̀di 에브리바디]
누구나 다, 모두

Everybody was in the class.
모두 교실에 있었다.

Not everybody agrees.
모두가 동의하는 것은 아니다.

1342
somebody
[sʌ́mbɑ̀di 섬바디]
누군가, 어떤 사람

Somebody called me in the dark.
누군가 어둠 속에서 나를 불렀다.

somebody else's hat
누군가 다른 사람의 모자

1343 **anybody**
[énibàdi 에니바디]
누군가, 아무도, 누구든지

Tom didn't see anybody.
탐은 아무도 보지 못했다.

anybody can solve 누구든지 풀 수 있다

1344 **nobody**
[nóubàdi 노우바디]
아무도 ~않다

Nobody knows him.
아무도 그를 알지 못한다.

Nobody knew what to say.
아무도 무슨 말을 해야 할지 몰랐다.

1345 **none**
[nʌn 넌]
아무도[조금도] ~아니다

I knew none of them.
나는 그들 가운데 아무도 모른다.

There were none present.
출석한 사람은 아무도 없었다.

1346 **oneself**
[wʌnsélf 원셀프]
(강조용법) 자신이, 스스로

To do right oneself is the great thing.
스스로 올바로 처신하는 게 중요하다.

talk to oneself 혼잣말을 하다

1347 **whoever**
[huːévəːr 후:에버:ㄹ]
누구든 ~하는 사람(들)

Whoever says that is a liar.
누구든 그 말을 하는 사람은 거짓말쟁이이다.

whoever likes me
나를 좋아하는 사람은 누구나

1348 **whichever**
[hwitʃévəːr 위치에버:ㄹ]
어느 쪽이든 ~한 것

Take whichever you want.
어느 것이나 원하는 것을 가져라.

Whichever is faster?
어느 쪽이 빠른가요?

▶ • • • 의문사

1349 **when**
[*h*wen 웬]
언제

When do you go to school?
언제 학교에 가니?

When did you last see him?
그를 언제 마지막으로 보았나요?

1350 **what**
[*h*wat 왓]
무엇, 어떤 것

What do you want?
너는 무엇을 원하니?

What happened?
무슨 일이 일어났죠?

1351 **how**
[hau 하우]
어떻게, 얼마만큼, 어느 정도

How do you spell the word?
그 낱말은 철자를 어떻게 씁니까?

How old are you?
당신은 몇 살입니까?

1352 **why**
[*h*wai 와이]
왜

Why didn't he come?
그는 왜 오지 않았습니까?

Why are you so early?
왜 그렇게 일찍 왔죠?

1353 **who**
[hu: 후:]
누구

Who wrote this book?
누가 이 책을 썼습니까?

Who told you so?
누가 네게 그렇게 말했나요?

1354
where
[*h*wɛə:*r* 웨어:ㄹ]
어디에

Where were you yesterday?
어제 어디에 계셨습니까?

Where are you going to?
어디 가나요?

1355
which
[*h*wítʃ 위치]
어느 것, 어느 쪽, 어느 사람

Which do you like better, apples or oranges?
사과와 오렌지 중에서 어느 쪽을 더 좋아하십니까?

1356
whose
[hu:z 후:즈]
누구의 것

Whose dictionary is this?
이 사전은 누구의 것입니까?

Whose is this?
이건 누구의 것입니까?

1357
whom
[hum 훔]
누구를

Whom did you visit yesterday?
당신은 어제 누구를 방문하였습니까?

Whom did they invite?
그들이 누구를 초대했나요?

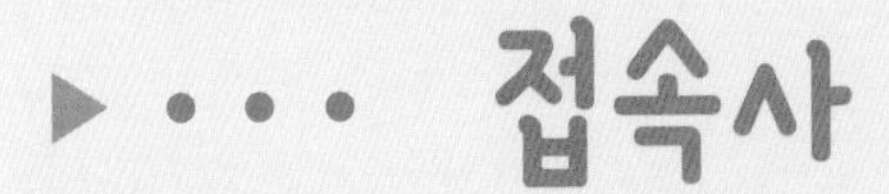

1358 **and**

[ænd 앤드]

~와; 그리고

There are desks and chairs in the classroom.
교실에 책상들과 의자들이 있다.

pencils and a knife 연필과 칼

1359 **but**

[bʌt 벗]

그러나, 그렇지만

It was hot yesterday, but it is cool today.
어제는 더웠다. 그러나 오늘은 시원하다.

a cheap but good camera 싸지만 좋은 카메라

1360 **or**

[ɔːr 오ː르]

또는, 혹은 그렇지 않으면

Would you like ice cream or juice?
아이스크림, 혹은 주스를 드시겠습니까?

summer or winter 여름 또는 겨울

1361 **either**

[íːðər 이ː더르]

(둘 중의) 어느 한 쪽

Can you speak either English or French?
너는 영어나 프랑스어를 할 줄 아니?

either you or me 너나 나나 둘 중 하나

1362 **as**

[æz 애즈]

~와 같이, ~만큼

He is as tall as I.
그는 나만큼 키가 크다.

Please do as you like.
당신 뜻대로 하세요.

1363 **than**
[ðæn 댄]
~보다(도)

He is six inches tall than I.
그는 나보다 키가 6인치 더 크다.

less than that 그것보다 적다

1364 **whether**
[*h*wéðə*r* 웨더ㄹ]
~인지 어떤지

I don't know whether it's true or not.
나는 그것이 사실인지 아닌지 모르겠다.

whether one likes or not 싫건 좋건

1365 **while**
[*h*wail 와일]
~하는 동안

They arrived while we were having dinner. 우리가 저녁을 먹고 있는 동안에 그들이 도착했다.

while he was staying 그가 머무르는 동안

1366 **nor**
[nɔː*r* 노ː ㄹ]
도(또한) ~아니다[없다]

It is neither too cold nor too hot.
너무 춥지도 너무 덥지도 않다.

neither more nor less 과부족 없는

1367 **because**
[bikɔ́ːz 비코ː즈]
왜냐하면, ~때문에

He was late because he missed the bus. 버스를 놓쳤기 때문에 그는 늦었다.

because it rained hard
비가 몹시 왔기 때문에

1368 **if**
[if 이프]
만일 ~이라면

If he is brave, he will do it.
만일 그가 용감하다면, 그는 그것을 할 것이다.

If i had wings, 만약 나에게 날개가 있다면,

1369 **though**

[ðou 쏘우]

비록 ~이지만

Though he wasn't tired, he went to bed.
비록 피곤하지는 않았지만, 그는 자러 갔다.

though he is young 비록 그는 젊지만

1370 **although**

[ɔːlðóu 오:올쏘우]

비록 ~일지라도

Although (he is) very poor, he is honest.
그는 매우 가난하지만 정직하다.

although it was very hot 무척 더웠지만

1371 **unless**

[ənlés 언레스]

~하지 않는 한

I will be there unless it rains.
비가 오지 않는 한 가겠습니다.

unless I'm mistaken 잘못되지 않았다면

1372 **till**

[til 틸]

(~할 때)까지

Wait till he comes back.
그가 돌아올 때까지 기다려라.

sit up till late 밤늦게까지 자지 않다

1373 **so**

[sou 소우]

그래서[~해서]

It was still painful so I went to see a doctor. 그것이 여전히 아팠다. 그래서 나는 의사에게 갔다.

So what? 그래서 어떻단 말이야?

1374 **before**

[bifɔ́ːr 비포:ㄹ]

~하기 전에

Do it before you forget.
잊어버리기 전에 그걸 해.

Look before you leap.
뛰기 전에 잘 살펴라.

1375
can
[kæn 캔]
~할 수 있다, ~해도 좋다

Tom can do his homework.
탐은 그의 숙제를 할 수 있다.

You can come with him.
그와 함께 와도 좋습니다.

1376
could
[kud 쿠드]
~할 수 있었다

I could not stay any longer.
나는 그 이상 더 머물러 있을 수가 없었다.

Could you tell me ~
~을 가르쳐 주시겠습니까?

1377
will
[wil 윌]
~일 것이다, ~해 주시겠어요?

He will come back next week.
그는 다음 주에 돌아올 것이다.

Will you open the window?
창문 좀 열어 주시겠습니까?

1378
would
[wud 우드]
~할 것이다, ~하고 싶다

He said that he would come today.
그는 오늘 올 거라고 했다.

I would like to go with you.
나는 너하고 같이 가고 싶다.

1379
may
[mei 메이]
~해도 좋다, ~일지도 모르다

You may go home.
너는 집에 가도 된다.

This may be true.
이것은 사실일지도 모른다.

1380
might
[mait 마이트]
~해도 좋다, ~했을지도 모르다

I told him that he might go.
나는 그에게 가도 좋다고 말했다.

You might have been killed.
너는 살해되었을지도 모른다.

1381
should
[ʃud 슈드]
~일 것이다, ~해야 한다

I thought that I should win the prize. 나는 상을 탈 것이라고 생각하였다.

You should help him.
당신은 그를 도와야 합니다.

1382
shall
[ʃæl 샐]
~가 될 것이다, ~할까요?

I shall be fifteen years old next year. 나는 내년에 15살이 될 것이다.

Shall I open the window?
제가 창문을 열까요?

1383
must
[mʌst 머스트]
~해야 한다, ~임이 분명하다

You must study hard.
너는 열심히 공부해야 한다.

He must be sick.
그는 아픈 것임이 분명하다.

1384
have to
[hæv'tu: 해브'투:]
~해야 한다

They'll have to wait a little longer.
좀 더 기다려야 할 겁니다.

do not have to ~할 필요가 없다

1385
be able to
[bi'éibəl'tu: 비'에이벌'투:]
~를 할 수 있다

I was happy to be able to help you.
제가 도움이 될 수 있어서 기뻤는걸요.

be able to do 할 수 있다

▶ 주어가 단수(한 사람/하나)일 때

나	I	am	happy.	나는 행복하다.
당신	You	are	tall.	너는 키가 크다.
나·당신 이외의 사람과 물건	He	is	busy.	그는 바쁘다.
	She		pretty.	그녀는 귀엽다.
	It		a desk.	그것은 책상이다.
	Tom		a singer.	톰은 가수이다.
	Mary		a teacher.	메리는 선생이다.
	My father		a doctor.	나의 아버지는 의사이다.
	This		my bag.	이것은 내 가방이다.
	Our dog		white.	우리 개는 하얗다.
	Your house		big.	당신의 집은 크다.

▶ 주어가 복수(두 사람/두 개 이상)일 때

우리들	We	are	happy.	우리는 행복하다.
당신들	You		tall.	당신들은 키가 크다.
나·당신 이외의 사람들과 물건	They		busy.	그들은 바쁘다.
	Tom and Mary		singers.	톰과 메리는 가수이다.
	My parents		teachers.	나의 부모는 선생님이다.
	Those		elephants.	그것들은 코끼리이다.
	Her dogs		cute.	그녀의 개는 귀엽다.
	These apples		sweet.	이 사과들은 달다.

* am, are, is는 be동사라고 하는 동사의 활용형으로 영어에는 두 가지 동사 형태가 있습니다. 하나는 위의 be동사이고, 다른 하나는 동작이나 작용, 상태를 나타내는 일반동사가 있습니다.

▶ 단수(한 사람/하나)일 때

	~은(는)	~의	~을(를)	~의 것
나	I	my	me	mine
당신	you	your	you	yours
그	he	his	him	his
그녀	she	her	her	hers
그것	it	its	it	—

▶ 복수(두 사람/두 개 이상)일 때

<table>
<tr><th></th><th>~은(는)</th><th>~의</th><th>~을(를)</th><th>~의 것</th></tr>
<tr><td>우리들</td><td>we</td><td>our</td><td>us</td><td>ours</td></tr>
<tr><td>당신들</td><td>you</td><td>your</td><td>you</td><td>yours</td></tr>
<tr><td>그들</td><td rowspan="3">they</td><td rowspan="3">their</td><td rowspan="3">them</td><td rowspan="3">theirs</td></tr>
<tr><td>그녀들</td></tr>
<tr><td>그것들</td></tr>
</table>

▶ 참고

	~은(는)	~의	~을(를)	~의 것
Tom	Tom	Tom's	Tom	Tom's
Mary	Mary	Mary's	Mary	Mary's

* '~은(는)'은 주격, '~의'는 소유격, '~을(를)'은 목적격, '~의 것'은 소유대명사라고 합니다.